이사야

엄준노 지음

LIVING IN FAITH SERIES
ISAIAH

Copyright © 2006 by Cokesbury

All rights reserved.
No part of this work may be reproduced or transmitted in any form or by any means, electronic or mechanical, including photocopying and recording, or by any information or retrieval system, except as may be expressly permitted in the 1976 Copyright Act or in writing from the publisher. Requests for permission should be addressed in writing to Permissions Office, 201 Eighth Avenue, South, P. O. Box 801, Nashville, TN 37202, or faxed to 615-749-6512.

Scripture quotations in this publication, unless otherwise indicated, are taken from THE HOLY BIBLE with REFERENCE Old and New Testaments New Korean Revised Version © Korean Bible Society 1998, 2000. Used by permission by Korean Bible Society. All rights reserved.

Writer: Joon No Um
Cover credit: © Tony Craddock/Getty Images

Nashville
MANUFACTURED IN THE UNITED STATES OF AMERICA

차 례

제1과 남아 있는 은혜를 잡아라 ················ 5

제2과 심판의 이유 ································· 13

제3과 나의 포도원을 지켜라 ···················· 21

제4과 승리의 조건 ································· 30

제5과 떨어진 별 ···································· 38

제6과 무너지는 것을 잡아라 ···················· 46

제7과 우연과 기도응답 ··························· 55

제1과

남아 있는 은혜를 잡아라

이사야 1:1-20

1. 성경 이해

시대적 배경

이사야서 전반부의 배경은 이스라엘이 절망적인 상황에 놓여 있는 것처럼 보인다. 정치는 무너져있고, 경제는 물론, 종교도 이미 쓰러진 지 오래다. 전쟁의 소문은 끝없이 이어지고, 이스라엘은 역사적으로 매우 위급한 상태에 놓여 있다. 그럼에도 불구하고, 종교인들은 자기 이익만을 챙기기에 혈안이 되어 있고, 정치인들은 하나님을 떠나, 서로 살아남기 위해서 백성들을 억압하는 상황이다. 하나님을 향한 사랑도 믿음도 사라져 버린 그런 상황이다.
바로 그런 상황 속에 있는 사람들에게 이사야 선지자는 외치고 있다. 이사야는 역사의 소용돌이 속에서 고통과 슬픔을 당하면서도, 하나님께 돌아오지 못하고, 더욱 죄의 길로 달려가는 이스라엘을 향해서 간절히 부르짖고 있다. 이사야는 죄의 폭풍을 가슴으로 막고 서 있는 외로운 의인이었다. 아무도 눈여겨보는 이 없고, 아무도 귀를 기울여 듣는 이 없는 상황에서 그는 외롭게 하나님을 향한 믿음을 가져야 한다고 외치고 있다.

남겨 놓으신 은혜

이사야서는 하나님의 성품을 묘사하기를 상한 갈대를 꺾지 아니하시는 분이라고 표현한다 (42:3). 끝까지 참고 기다리면서, 떠난 자식이 돌아올 때까지 기다리시는 아버지의 모습으로 하나님의 성품을 표현한다. 하나님은 심판을 하셔도, 완전히 심판하시지는 않으신다. 언제나 새롭게 시작할 수 있는 가능성을 남겨 놓으시는 분이 우리의 하나님이시다.

이사야는 사람들에게 하나님께서 남겨 놓으신 은혜를 잡으라고 권면한다. "만군의 여호와께서 우리를 위하여 생존자를 조금 남겨 두지 아니하셨더면 우리가 소돔 같고 고모라 같았으리로다" (1:9).

어느 누구에게나, 공통된 은혜는 하나님께서 남겨 두신 "남아 있는 은혜"이다. 어떤 사람들에게는 은혜가 충만할 것이다. 그러나 또 어떤 사람들은 은혜가 메말라서, 갈급하게 느끼는 사람들도 있을 것이다. 그러나 걱정하지 말자. 누구에게나 "남아 있는 은혜"가 있다. 그것을 붙잡으면 된다. 그러면, 새로운 시작을 할 수 있다.

우리 각 사람에게도 남아 있는 은혜가 있다. 그 은혜를 붙잡게 되기를 바란다. 남아 있는 은혜를 붙잡기 위해 우리가 가져야 할 신앙적 자세가 무엇인가를 여기서 살펴보려고 한다.

1. 나를 위해 흘리신 하나님의 눈물을 볼 수 있어야 한다 (1:1-4).

부모의 행복은 어디에 있는가? 부모 자신이 잘 먹고 잘 사는 것이 행복이겠는가? 아니면, 자녀가 잘 먹고 잘 사는 것을 보는 것이 행복이겠는가? 정상적인 부모라면, 자녀가 잘 되는 것을 볼 때 행복을 느끼게 될 것이다. 힘들게 사는 자녀가 있으면, 자신은 아무리 편해도 늘 마음 한 구석에는 고통이 있는 법이다.

이스라엘은 하나님의 백성들이다. 그들이 죄악 가운데 사는 것은 바로 하나님의 고통이었다. "하늘이여 들으라 땅이여 귀를 기울이라 여호와께서 말씀하시기를 내가 자식을 양육하였거늘 그들이 나를 거역하였도다 소는 그 임자를 알고 나귀는 그 주인의 구유를 알건마는 이스라엘은 알지 못하고 나의 백성은 깨닫지 못하는도다" (1:2-3).

이사야가 이스라엘 백성들을 향해서 간절히 외치고 있는 이유는 하나님의 마음을 느꼈기 때문이다. 그는 이스라엘을 위해 흘리신 하나님의 눈물을 보았기 때문이다. 하나님의 마음으로 죄악 된 자기의 백성들을 볼 때, 안타까움 뿐이었다.

우리는 부모의 마음을 이해할 때 비로소 철이 들었다는 말을 한다. 아무리 몸이 자라고, 나이가 들어도 철이 없는 사람들이 있다. 부모의 마음을 이해하지 못하는 사람들이다. 신앙생활에서도 철이 없는 신앙인들이 있다. 철이 없는 신앙인은 하나님의 마음을 느끼지 못하는 사람들이다.

하나님의 마음을 느껴야 한다. 하나님께서 얼마나 안타깝게 우리를 보고 계시는지 알아야 한다. 하나님께서는 우리를 위해 자신의 아들을 희생하기까지 사랑하셨는데, 우리는 무엇을 하고 있는가?

우리는 예수께서 우리를 위해 흘리시는 눈물의 의미를 깨달아야 한다. 우리를 위해 십자가에서 고통을 참고 계신 예수님의 사랑을 느껴야 한다. 하나님의 사랑 앞에 마음을 열어야 한다. 그리고 그 사랑을 받아들여야 한다.

2. 우리의 진실한 모습을 보아야 한다 (1:5-9).

사람은 자기 자신의 모습을 보지 못한다. 자기는 잘 하고 있다고 착각하고 있을 때가 많다. 이스라엘 백성들이 그렇게 생각을 했다. 자신들의 모습을 보지 못했다. 하나님과 이사야가 보고 있는 그들의 모습은 어떠했는가? "너희가 어찌하여 매를 더 맞으려고 패역을 거듭하느냐 온 머리는 병들었고 온 마음은 피곤하였으며 발바닥에서 머리까지 성한 곳이 없이 상한 것과 터진 것과 새로 맞은 흔적뿐이거늘 그것을 짜며 싸매며 기름으로 부드럽게 함을 받지 못하였도다" (1:5-8).

많은 사람들이 이런 모습으로 살고 있다. 하나님에게 맞을 만큼 맞았다. 그럼에도 불구하고 그것을 모르고 있다. 얼굴에는 힘든 기색이 있다. 몸은 피곤하다. 마음에는 아무 희망도 없다. 재정적으로도 어렵다. 이런 삶을 살면서도 하나님께 나아오지를 못한다. 혼자 고집을 부린다. 이런 사람들이 있다면, 지극히 어리석은 사람들이다. 하나님께로 나와야 한다. 하나님이 우리의 아버지이신데, 우리를 돌보아 주시겠다고 하는데 왜 안 나오는가? 자기 힘으로 혼자 해보겠다는 고집은 교만이고 죄이다.

예수님은 어느 날 회당에서 손 마른 사람에게 말씀하셨다. "손을 내밀라." 그는 어렸을 때부터 손을 보여주는 것이 창피했을 것이다. 사람들에게 감추고 싶었을 것이다. 그래서 늘 품에 넣고 다녔을 것이다. 그러나 예수님은 그 손을 내놓으라고 말씀하셨다. 손 마른 사람이 갈등을 했을 것이다. 그러나 부끄러움을 무릅쓰고 손을 내밀었을 때, 예수님은 그의 손을 잡아주셨다. 그를 고쳐주셨다.

우리는 주님께 손을 내어 놓아야 한다. 우리의 아픔을 주님께 내어 놓아야 한다. 우리의 부끄러움을 주님께 내어 놓아야 한다. 주님께서 치료해 주신다. 우리는 상처투성이 마음을 내어 놓을 수 있는 용기가 필요하다.

3. 신앙을 가장한 욕심을 버려야 한다 (1:10-20).

많은 사람들이 자기는 신앙이 좋다고 착각을 하고 있다. 착각은 자유지만, 그렇기 때문에 신앙의 능력도 경험하지 못하고, 신앙의 기쁨도 경험하지 못하고 있다. 사람은 자신을 바로 알아야 한다. 또한 하나님 앞에서 자신을 바로 볼 수 있어야 한다.

"너희의 무수한 제물이 내게 무엇이 유익하뇨 나는 숫양의 번제와 살진 짐승의 기름에 배불렀고 나는 수송아지나 어린 양이나 숫염소의 피를 기뻐하지 아니하노라 너희가 내 앞에 보이러 오니 이것을 누가 너희에게 요구하였느냐 내 마당만 밟을 뿐이니라" (1:11-12).

이스라엘 사람들은 하나님께 할 만큼 하고 있다고 생각했다. 하나님이 어떻게 생각하시는지는 생각지도 않았다. 자신들이 바르게 신앙생활을 하고 있는지 점검해 보지도 않았다. 잘못된 길로 가고 있으면서도, 하나님은 돌아앉아 계신데, 혼자서 자기는 잘 하고 있다고 우기고 있는 것이다. "슬프다 범죄한 나라요 허물 진 백성이요 행악의 종자요 행위가 부패한 자식이로다 그들이 여호와를 버리며 이스라엘의 거룩하신 이를 만홀히 여겨 멀리하고 물러갔도다 너희가 어찌하여 매를 더 맞으려고 패역을 거듭하느냐 온 머리는 병들었고 온 마음은 피곤하였으며" (1:4-5). 이들의 신앙은 믿음으로 진실 되게 한 신앙생활이 아니라, 신앙을 가장한 자신의 욕심으로 이루어진 신앙생활이다. 그들처럼 우리도 이런 실수에 빠질 수 있다.

우리는 하나님 앞에서 솔직해야 한다. 이것이 나의 욕심에서 우러난 것인지, 정말 믿음에서 우러나오는 감사인지, 헌신인지, 하나님의 영광을 위한 것인지, 점검해 보아야 한다. 기도할 때 무조건 기도하면 이루어지는 것이 아니다. 내 욕심으로 구하면 죽을 때까지 기도해도 응답이 없을 것이다. 우리는 신앙의 이름으로 감추어진 이기주의를 버려야 한다. 신앙인지 나의 욕심인지를 보아야 한다. 그것을 버려야 한다. 그럴 때, 하나님의 은혜가 우리의 삶 속으로 들어오게 된다. 우리는 형식적인 신앙을 버려야 한다. 그래야 하나님의 사랑을 받는다.

하나님의 마음을 모르고 죄악 된 모습으로 신앙의 착각 속에 빠져 있던 이스라엘이지만 하나님께서는 그들에게 은혜를 남겨 놓으셨다. 그것은 기도의 은혜였다. 어떠한 상황에서도 기도를 통해 상황을 역전시킬 수 있다. 믿음으로 하나님이 남겨 놓으신 은혜를 붙잡는 우리 모두가 되어야 한다.

2. 생활 속의 이야기

목회를 처음 시작했을 때의 일이다. 한국에 계시는 어머니에게서 이런 편지가 왔다. 목회를 시작하는 아들을 위해 기도하시는 내용이었다. 어머니는 아들이 목회를 하는 교회가 기드온의 300명 용사들이 모이는 교회가 되게 해달라고 새벽마다 기도하신다는 내용이었다. 나는 이 편지를 받고, "어머니가 이렇게 기도하니, 나도 이 목표를 갖고 기도해야겠다"고 결심을 했다. 몇 달 동안 이 기도제목을 가지고 새벽마다 기도했다. 그러던 어느 날 이 기도가 잘못된 기도라는 것을 깨달았다.

내가 목회하는 지역은 한인 기독교인의 인구가 약 600명 정도밖에는 되지 않는다. 한인교회는 무려 15개나 있다. 결국 내가 섬기는 교회가 300명의 기드온의 용사가 모인다면, 이 지역의 다른 몇 교회는 문을 닫아야 한다는 것을 깨달았다. 왜 그때까지 그 생각을 못했는지, 하나님 앞에서 부끄러웠다. 그리고 그날부터 나는 그 기도를 드리지 않았다.

교인 300명의 목표가 다른 지역에서는 좋은 목표가 될 수 있겠지만, 내가 목회하는 지역에서는 절대로 좋은 기도가 될 수 없었다. 그리고 내가 그런 기도를 드린 이유를 생각해 보았다. 그것은 욕심 때문이었다. 사람들에게 인정받고 싶은 욕심, 자랑하고 싶은 욕심, 이런 욕심이 나의 가슴속 깊은 곳에 숨어 있었다. 나는 그날 욕심이 감추어진 기도가 나에게 있다는 것을 깨달았다.

3. 묵상을 위한 질문

(1) 오늘 우리의 모습을 바라보고 계신 하나님의 마음을 표현해 본다면, 어떤 단어가 가장 먼저 떠오르는가?
(2) 우리 자신 속에 감추어진 죄의 상처가 있다면 무엇인가? 어떻게 이 상처를 치유하려고 노력하고 있는가?
(3) 우리의 기도 속에 감추어진 욕심은 어떤 것들인가?

4. 결단에의 초청

하나님은 이스라엘을 위해서 은혜를 남겨 놓으셨습니다. 어떠한 절망적인 상황에서도 우리는 일어날 수 있습니다. 하나님께서 남겨 놓으신 은혜가 있기 때문입니다. 이 은혜를 붙잡으십시오. 이 은혜를 붙잡고 기도하십시오. 기도할 때, 우리를 향한 하나님의 마음이 느껴질 것입니다. 기도할 때, 우리의 상처투성이 마음이 보일 것입니다. 우리의 욕심을 가장한 신앙의 모습이 보이게 될 것입니다. 이 은혜를 붙잡고, 믿음에 서서, 하나님을 기쁘시게 하는 하나님의 자녀들이 되시기를 바랍니다. 이 은혜를 붙잡기 위해 다음의 세 가지 기도제목을 가지고 기도하시기 바랍니다.

주여, 나를 위해 흘리신 주님의 눈물을 보게 하소서.
주여, 상처투성이인 내 마음을 내어 놓게 하소서.
주여, 나의 감추어진 욕심을 버리게 하소서.

제2과

심판의 이유

이사야 3:1-12

1. 성경 이해

 사람들이 하나님의 심판을 받는 데는 다 이유가 있다. 하나님께서 괜히 심심하셔서 사람들을 심판하시겠는가? 심판이란 하나님께서 사랑하신다는 한 표현이기도 하다. 자녀가 잘못하면, 부모는 자녀를 사랑하기 때문에 야단을 치신다. 하나님도 우리를 사랑하시기 때문에 우리가 잘못하면, 우리를 고쳐주기 위해서 심판을 하신다. 그러니까 심판을 당할 때는 내가 무엇을 잘못했는가를 깨닫고 회개해야 한다. 나는 잘못이 없다고 고집만 부리고 있어서는 안 된다. 하나님께서 심판하시는 모든 것에는 다 이유가 있다. 우리는 하나님께서 심판하시는 이유를 알아야 한다. 그래야, 빨리 심판을 면할 수 있고, 또 그런 실수를 사전에 방지해야 평안하고 행복한 삶을 살게 된다.
 오늘 본문에서 이사야 선지자는 이스라엘이 심판을 받는 이유를 말하고 있다. 이런 이유 때문에 우리가 심판을 받았고, 또 심판을 받게 될 것이라는 말씀이다. 이 말씀을 통해서 우리가 쉽게 저지르는 실수가 무엇인가를 깨닫고, 하나님의 심판보다는 하나님의 사랑과 축복을 받을 수 있는 길이 무엇일까 생각해 보려고 한다.

1. 의지할 대상이 잘못되었다 (3:1-7).

하나님은 철저하게 사랑 받기를 원하신다. 하나님만을 사랑하기를 원하신다. 하나님은 질투의 하나님이시다. 우리가 하나님을 가장 사랑할 때는 하나님은 우리에게 모든 것을 주신다. 그런데 하나님보다 더 사랑하는 것이 있을 때는 하나님은 모든 것을 거두어 가신다.

부부간에 서로 싸우는 분들이 많이 있다. 아이들 문제 가지고 싸우고, 경제문제 가지고 싸운다. 라면을 먹을 때에도 김치라면을 먹을 것인가, 진라면을 먹을 것인가를 가지고도 싸우는 사람을 보았다. 화장품을 가지고도 싸운다. 입는 옷을 가지고도 싸운다. 가만히 보면, 온통 싸움거리들 뿐이다. 이 많은 것을 하나하나 다 따지다가는 문제를 풀어갈 수 없다. 문제가 끝이 없기 때문이다. 그런데 둘이 뜨겁게 사랑하면 갑자기 모든 문제가 사라진다. 사랑하면 싸울 일이 없어진다. 이것이 진리이다.

우리 앞에 수많은 문제들이 있다. 이런 것을 다 해결할 수 있는 능력이 우리에게는 없다. 그런데 놀라운 것은 우리가 하나님을 뜨겁게 사랑하면 갑자기 이 모든 문제들이 사라진다는 것이다. 한국 서해나 남해에 가면, 물이 들어왔을 때는 보이지 않던 작은 섬들이 물이 빠지면 여기저기서 작은 섬들이 나타나는 것을 볼 수 있다. 하나님의 은혜의 물이 우리를 덮을 때는 인생의 문제는 이렇게 사라지는 것이다. 인생의 문제가 보인다는 것은 은혜의 물이 빠졌다는 것이고, 하나님을 향한 나의 사랑이 식었다는 것이다. 사랑이 인생의 열쇠이다. 사랑만 있으면 모든 것을 이긴다. 바울은 "사랑은 모든 것을" 이긴다고 했다.

하나님을 사랑하는 것이 쉬운가? 아니면 세상의 모든 것을 얻는 것이 쉬운가? 물론 하나님을 사랑하는 것이 쉽다. 그런데도 쉬운 것은 포기하고, 잡을 수도 없는 것을 잡으려고 뛰어다니는 사람들이 있다. 또 이 둘을 다 가지고 싶어 하는 사람도 있다. 다 가질 수 있는 방법도 있다. 하나님을 사랑하면 된다. 그러면 그 외의 모든 것을 하나님이 주신다. 자기가 가지려고 뛰니까 얻지 못하는 것이다. 하나님을 사랑하는 것이 인생의 전부이다.

그런데 이스라엘은 하나님을 사랑하지 못했다. 그들은 엉뚱한 것들을 사랑하고 의지했다. 이스라엘 백성이 사랑하고, 또 의지한 것은 무엇이었는가? "보라 주 만군의 여호와께서 예루살렘과 유다가 의뢰하며 의지하는 것을 제하여 버리시되 곧 그가 의지하는 모든 양식과 그가 의지하는 모든 물과 용사와 전사와 재판관과 선지자와 복술자와 장로와 오십부장과 귀인과 모사와 정교한 장인과 능란한 요술자를 그리 하실 것이며" (3:1-3).

그들은 모든 양식과 물을 의지했다. 먹고 사는 것을 최고의 가치로 두었다는 말이다. 용사와 전사를 의지했다. 용사와 전사는 전쟁할 때 필요한 자들이다. 전쟁은 인생의 위기를 초래한다. 인생의 위기상황에서는 당연히 하나님을 의지해야 하는데, 이들은 사람을 의지했다. 귀인과 모사와 장인과 요술자들을 의지했다. 아무런 힘도 없고, 도울 수 없는 것들을 의지했다. 이것이 이스라엘이 하나님의 심판을 받은 이유이다.

우리에게도 이와 같은 유혹이 있다. 하나님을 사랑하는 것보다 더 중요한 것이 있다는 유혹이 있다. 하나님보다 더 빨리 나를 도와줄 수 있는 것이 있다는 유혹이 있다.

이런 유혹을 물리쳐야 한다. 그리고 하나님만을 사랑해야 한다. 하나님을 사랑하는 것이 인생 최고의 기쁨이요, 인생을 보람 있고 행복하게 사는 방법이고, 인생의 모든 것을 가질 수 있는 방법이다. 지금까지 하나님보다 더 중요하다고 생각해 왔던 것이 있다면 회개해야 한다.

2. 심판의 씨를 뿌렸다 (3:8-11).

심판은 심판받을 짓을 했기 때문에 받는 것이다. 이스라엘이 무슨 심판받을 짓을 했는가?
"예루살렘이 멸망하였고 유다가 엎드러졌음은 그들의 언어와 행위가 여호와를 거역하여 그의 영광의 눈을 범하였음이라 그들의 안색이 분리하게 증거하며 그들의 죄를 말해 주고 숨기지 못함이 소돔과 같으니 그들의 영혼에 화가 있을진저 그들이 재앙을 자취하였도다" (3:8-9). "그의 손으로 행한 대로 그가 보응을 받을 것임이니라" (3:11).

그들의 언어와 행위가 하나님을 불쾌하게 만들었기 때문이라는 것이다. 언어는 마음의 열매이다. 마음속에 있는 것이 언어로 표현되어 나온다. 마음이 부정적인 사람이 긍정적인 말을 하겠는가? 마음에 분노가 가득한데, 감사한 말이 나오겠는가? 그럴 수 없다. 부정적인 말을 하는 사람들은 마음속에 불만이 가득한 사람이다. 아무리 자기의 마음을 숨기려고 해도 나타나게 된다. 옛말에 "열 길 물속은 알아도, 한 길 사람 속은 모른다"는 말이 있다. 사람의 마음은 보이지 않는다. 그래서 얼마든지 감출 수 있을 것처럼 생각이 든다. 그러나 그곳에서부터 나오는 언어나 행위는 숨길 수 없다. 그래서 예수님께서는 그의 열매를 보고 그를 판단하라는 말씀을 하셨다.

우리는 그리스도인다운 말을 사용해야 한다. 화가 난다고 상스러운 말을 해서는 안 된다. 말은 자신의 인격을 나타낸다. 언제나 정제된 말을 쓰려고 노력해야 하고, 덕을 세우는 말을 하려고 노력해야 한다. 말에 흠이 없으면 온전한 사람이 되는 것이다.

우리가 하나님 보시기에 아름다운 말과 행동을 하기 위해서는 우리의 마음을 씻어야 한다. 마음속에 있는 죄를 씻어야 한다. 새로운 인생을 살기 원한다면, 우리의 마음을 변화시켜야 한다. 마음을 새롭게 해야 한다. 죄를 씻어내고 성령의 은혜를 담을 때, 그래서 그리스도의 사랑으로 가득 차게 될 때, 우리의 언어와 행위는 하나님을 기쁘시게 하는 것들이 될 것이다.

3. 잘못된 지도자를 만났다 (3:12).

이것은 조금 억울하다. 이것은 내 잘못이 아니다. 내가 잘못해서 받는 심판이라면 참겠지만, 이것은 내 잘못이 아닌 것 같다. 지도자를 잘못 만났다면, 그것은 심판 받을 일이 아니라 불쌍히 여김을 받아야 할 일처럼 보인다. 그러나 성서는 분명히 말한다. 지도자가 잘못되는 것도 우리의 죄라고 말한다. 그 말은 우리는 지도자를 위해서 기도하고, 그가 하나님의 뜻을 이루는 지도자가 되도록 돕고, 따라야 한다는 것이다.

"내 백성을 학대하는 자는 아이요 다스리는 자는 여자들이라 내 백성이여 네 인도자들이 너를 유혹하여 네가 다닐 길을 어지럽히느니라" (3:12). 지도자가 백성을 위해서 무엇인가를 해야 하는데 오히려 학대를 하고 있다. 백성을 학대하는 자를 "아이"라고 했다. 그 의미는 아이처럼 자신의 욕심만을 생각하고 판단력이 없다는 것이다. 이런 사람을 지도자로 두었으니 무엇이 잘 되겠는가? 또 다스리는 자는 "여자"라고 했다. 이 말은 지도자가 여인처럼 연약하다는 말이다. 강한 리더십을 가지고 사람들을 이끌고 문제를 뚫고 나아가야 할 텐데, 그렇지 못하고, 문제와 싸울 능력도 없이 연약하다는 것이다. 이렇게 판단력도 없고, 능력도 없는 자를 지도자로 섬기고 있으니 그 공동체가 어떻게 되겠는가? "내 백성이여 네 인도자들이 너를 유혹하여 네가 다닐 길을 어지럽히느니라."

이사야는 역사의 소용돌이 속에서 그런 지도자들의 모습을 보고 있다. 믿음이 없고, 분별력이 없는 왕 밑에서 신음하는 불쌍한 백성들을 보았다. 그들에 의해 임하는 하나님의 심판을 보고 있다. 그래서 우리는 지도자를 위해 기도해야 한다. 우리는 대통령을 위해서 기도해야 한다. 교회의 담임목사를 위해서 기도해야 한다.

우리의 영적인 상태가 충만한 것이 행복이요, 승리의 비결이다. 그렇게 되기 위해서는 교회가 성령이 충만해야 한다. 교회가 성령이 충만하기 위해서는 목사가 은혜 충만해야 한다. 목사가 건강이 약해서 제대로 활동하지 못하고, 교인들을 위해 기도하지 못하고, 제대로 하나님의 말씀을 전달하지 못한다면 교회의 영적인 능력은 식어진다. 교회의 영적인 능력이 식는다는 것은, 곧 나의 영적인 상태가 무너지고 우리의 삶 전체가 흔들리게 되는 것이다. 지도자가 살아야 공동체가 산다.

2. 생활 속의 이야기

교회 건축을 시작하던 때의 일이다. 40명도 안 되는 교인들과 함께 건축을 시작하기로 결단했을 때, 주위에 있는 많은 분들이 만류하였다. "엄 목사, 오클라호마에서 교회를 건축하는 것은 불가능해, 일찍 포기해."
나는 자신이 있었다. 나에게는 오른팔, 왼팔과 같은 두 분이 계셨기 때문이다. 한 분은 교회에 헌신하던 장로님이셨고, 또 다른 한 분은 부동산업을 하던 집사님이셨다. 그러나 교회 건축이 결정된 후부터 교인들이 하나씩 교회를 떠나기 시작했다. 그리고 이 두 분마저 가정문제로 타주로 이사를 가시게 되었다. 이 분들이 이사 간 후에, 나는 교회에서 울면서 기도했다. "하나님, 교회 건축을 계속하기를 원하십니까? 그만 두기를 원하십니까? 계속하기를 원하신다면, 어떻게 있는 사람마저 데려가십니까?"
눈물로 기도하던 나의 마음속에 "여호와의 구원이 사람의 수에 있지 않다"는 말씀이 떠올랐다. 교회 건축을 하면서 하나님을 의지하지 못했던 나의 부족함을 회개했다. 그 날 이후에도 교인들이 계속 떠나, 결국 23명만 남게 되었지만 그렇게 괴롭지만은 않았다. 이제는 하나님만을 의지하겠다고 다짐했기 때문이다. 하나님만을 의지하던 나와 23명의 교인들은 결국 아름다운 성전 건축을 마칠 수 있었다. 사도 바울은 이렇게 고백했다. "힘에 겹도록 심한 고난을 당하여 살 소망까지 끊어지고 우리는 우리 자신이 사형 선고를 받은 줄 알았으니 이는 우리로 자기를 의지하지 말고 오직 죽은 자를 다시 살리시는 하나님만 의지하게 하심이라" (고린도후서 1:8-9).

3. 묵상을 위한 질문

(1) 하나님이 하지 말라는 것을 안 한다고 죄를 짓지 않는 것은 아니다. 우리가 진정으로 하나님을 의지하지 못하는 것도 죄이다. 하나님을 진정으로 의지하는 방법에는 무엇이 있는지 생각해 보고 서로 나누어 보자.
(2) 말과 행위로 실수하지 않도록 늘 깨어서 기도해야 한다. 늘 긍정적인 마음을 갖기 위해 우리가 할 수 있는 것은 무엇인가?
(3) 지도자와 우리는 떨어질 수 없는 관계이다. 우리 교회의 담임목사님을 위해 할 수 있는 것이 무엇이 있을까?

4. 결단에의 초청

이스라엘은 하나님의 심판을 받을 만한 이유가 있었습니다. 그들은 하나님보다 엉뚱한 것을 더 사랑했습니다. 그들의 마음속에 있는 죄에 의해 그들의 언어와 행위가 더러워졌습니다. 그리고 그들은 잘못된 지도자를 생각 없이 따라갔습니다. 우리도 범하기 쉬운 죄의 모습들입니다. 이런 것들을 우리 안에서 제거하기 위해 다음 세 가지의 기도제목을 기억하시고, 기도하시기를 바랍니다.

주여, 하나님만 뜨겁게 사랑하게 하소서.
주여, 아름다운 말과 행위를 하게 하소서.
주여, 나의 영적 지도자를 위해 기도하게 하소서.

제3과
나의 포도원을 지켜라
이사야 5:1-7

1. 성경 이해

오늘의 본문은 이사야의 포도원의 노래이다. 예수께서도 이 비유를 생각하시면서 요한복음의 유명한 포도원 농부의 비유를 말씀하셨다. 하나님께서 아름다운 포도원을 만드셨다. 이스라엘을 아름답게 하셨다. 그러나 하나님의 포도원인 이스라엘이 하나님을 기쁘시게 해드리지 못했다. 그래서 결국 하나님은 포도원을 포기하셨다.

이 포도원의 비유처럼, 우리의 인생은 하나님의 포도원이다. 하나님은 우리의 인생을 아름답게 창조해 주셨다. 우리의 인생을 지켜야 한다. 인생의 행복을 지켜야 한다. 오늘의 말씀을 통해, 우리는 어떻게 우리의 인생을 아름답게 지켜갈 수 있을까를 생각해 보려고 한다.

1. 자신의 포도원에 대해 감사해야 한다 (5:1-2).

우리는 자신의 인생에 대해 감사해야 한다. 감사는 감사의 조건이 있어야만 할 수 있는 것이 아니다. 감사의 조건이 있을 때에도 감사하지 못하는 사람이 있다. 하나님께서 큰 도움을 주셨지만 감사하지 못하고, 자기가 똑똑해서 일이 잘 풀어졌다고 생각하는 사람도 있다. 우리는 감사의 조건이 있을 때 감사해야 하지만, 비록 감사의 조건이 없을 때에도 감사의 조건을 찾아서 감사해야 한다.

뇌성마비 시인 송명희씨는 인간적으로 볼 때는 감사의 조건이 없는 사람이다. 어린 시절은 부모가 뇌성마비 자녀가 부끄럽다고 뒷방에서 나오지 못하게 했다. 그야말로 어두운 어린 시절을 보낸 것이다. 인생의 비참함과 억울함이 그녀의 가슴에 있었다. 그러나 예수님을 영접한 후에, 그녀는 자신의 삶 속에서 감사의 조건을 찾았다. "나" 라는 시에서 그녀는 "나는 남이 못 본 것을 보았고, 나 남이 갖지 못한 것을 가졌다"고 노래한다. 그녀가 찾아낸 감사의 조건은 무엇인가? 자신을 사랑하시는 하나님의 사랑이다. 그녀는 감사하는 삶을 살고 있다.

사람은 감사해야 한다. 삶에 불만이 있는 사람은 회개하여야 한다. 우리의 인생은 귀한 것이다. 우리의 인생은 소중한 것이다. 다른 사람과 비교해서는 안 된다. 하나님은 나를 사랑하셔서 이 땅에 보내셨고, 지금도 나와 함께 하신다. 우리의 인생에 대해 감사하자.

사람은 자기가 처한 환경에 따라서 마음이 변한다. 환경이 흡족하면 감사하게 되고, 환경이 어려우면 불만을 갖게 된다. 만일 우리가 빈민촌에서 산다면, 어떤 마음이 들겠는가? 왜 나는 이렇게 인생의 밑바닥에서 허덕여야 하는가 하면서 괴로워하겠는가? 그러나 테레사 수녀를 보자. 그녀는 평생을 인도의 빈민굴에서 살았다. 그러나 그녀는 늘 행복했다. 그 이유가 무엇인가? 하나님이 그녀와 함께 하셨기 때문이다. 중요한 것은 환경이 아니라, 하나님께서 함께 하시느냐가 중요한 것이다.

하나님은 우리의 인생이라는 포도원을 아름답게 만들어 주셨다. 왜 아름다운가? 주님이 함께 하시기 때문이다. 우리의 환경에 만족해야 한다. 우리의 삶에 감사해야 한다. "나는 내가 사랑하는 자를 위하여 노래하되 내가 사랑하는 자의 포도원을 노래하리라…" (5:1). 우리의 인생은 소중하고 아름답다. 우리의 삶은 주님이 기뻐하시는 포도원이다. 먼저 이 삶이라는 포도원에 만족하자.

2. 내 인생을 책임져라 (5:3-4).

비즈니스를 하시는 분들과 이야기를 해보면, 좋은 사람을 만나는 것이 힘들다고 한다. 비록 자신은 종업원이지만 그 일이 자신의 일처럼 생각하면서 일하는 사람은 거의 없다는 것이다. 다들 시간만 때우고 가면 된다고 생각한다. 지금 미국과 한국의 대기업들이 자기 본국을 떠나고 있다. 미국의 유명한 청바지 회사인 Levis가 미국에 있던 마지막 공장의 문을 닫았다는 기사를 읽은 적이 있었다. 마지막 공장의 문을 닫고 멕시코에 공장을 세우게 되었다는 것이다. 한국도 많은 회사들이 동남아에 공장을 세우고 있다. 그 이유로는 여러 가지가 있다. 그러나 가장 중요한 이유는 일하는 사람들의 생각의 차이다.

공장에서 일하는 사람들이 열심히 일을 하지 않는다. 어떻게 하면 시간을 때울까만 생각한다. 유니온을 통해서 자리를 보장받게 되니까 일을 하려고 하지를 않는다. 결국은 자기 살을 깎아 먹게 된다. 공장이 문을 닫으면 결국 자기 손해가 아닌가? 그래도 관심이 없다. 그러나 제3세계의 공장에서는 좋은 일자리를 놓치지 않으려고 열심히 일한다. 일의 능률이 다르다. 책임감을 잃어버린 사회는 절대로 건전하게 발전할 수 없다.

미국은 책임감을 잃어가는 사회로 변해 가고 있다. 어느 누구도 책임을 지려고 하지를 않는다. 전기, 전화, 가스, 이런 큰 회사들에 불평을 해본 적이 있는 사람들은 느낄 것이다. 책임질 사람이 없다. 누구에게 하소연 할 대상이 없다. 책임을 지지 않으려는 사회는 무너진다.

가정도 마찬가지이다. 가정도 책임지는 사람이 있어야 한다. 아무도 가정의 일에 책임을 지지 않으려고 해보라. 가정이 어떻게 되겠는가? 교회도 마찬가지이다. 교회도 책임을 지려는 사람이 많아야 한다. 다들 책임지는 일을 싫어한다. 부담이 된다는 것이다. 인생을 부담 없이 살려고 하는 것은 죄이다. 이스라엘이 범죄한 이유가 하나님을 섬기는 것이 부담되었기 때문이다. 그들은 쉽게 살려고 했다. 부담되는 것을 두려워하지 말자. 오히려 부담을 가지려고 노력하자. 사랑은 부담을 가지는 것이다. 주님을 사랑한다면 부담을 가져야 한다. 책임을 져야 한다. 이 교회는 내 교회라는 마음을 가지고, 책임을 지려는 마음을 가져야 한다. 대충 살려고 하지 말자.

하나님께서 포도원을 허물겠다고 하셨다. 왜 그러셨는가? "내가 내 포도원을 위하여 행한 것 외에 무엇을 더할 것이 있으랴 내가 좋은 포도 맺기를 기다렸거늘 들포도를 맺음은 어찌 됨인고" (5:4). 좋은 포도를 원했는데 들포도가 열렸기 때문이다. 왜 들포도가 열렸는가? 들포도란 먹을 것이 없는 포도이다. 포도 농사는 쉽지 않다. 많은 정성이 필요하다. 그런데 아무도 책임을 지고 그 일을 하려고 하지 않았기 때문이다. 결국은 포도나무에서 먹지 못하는 들포도가 열리고 말았다. 자신의 인생에 책임을 지지 않으려고 한 이스라엘은 하나님의 심판을 받게 된 것이다.

우리는 인생을 책임져야 한다. 우리가 해야 할 일은 열심히 해야 한다. 누군가에게 미루지 말고, 할 일이 눈에 띄면 우리 스스로가 직접 해야 한다.

몇 년 전에 한인연합감리교회 전국 총회에 강사로 오셨던 미국 목사님이 이런 간증을 하셨다. 자기 교회에서는 누구든지 말한 사람이 그 일을 하는 것이 교회의 내규라고 한다. 한 번은 교회에 불만을 품고 있던 교인이 목사님에게 이런 불평을 했다. "이 교회는 왜 선교를 하지 않는가? 교회의 목적이 선교인데 왜 하지 않는가?" 그래서 목사님이 이렇게 말씀하셨다. "선교는 꼭 해야지요. 하나님께서 당신에게 그런 생각을 주셨다면, 그것은 당신을 부르신 것입니다. 당신을 선교책임자로 임명하겠습니다." 이 사람은 주저하다가, 그 일을 맡게 되었다고 한다. 지금은 불평 없이 열심히 교회를 대표해서 선교에 임하고 있다는 말을 들었다. 이 교회는 교회에 불평하는 사람이 없다고 한다. 만일 불평하면, 그 일을 자기가 해야 하니까 책임지는 것이 두려워서 말을 못하는 것이다.

사람은 누구나 책임을 질 줄 알아야 한다. 우리의 인생은 우리 스스로가 책임을 져야 한다. 내가 하나님을 떠나면 불행해진다는 것을 알아야 한다. 내 욕심대로 하면 심판을 받는다는 것을 알아야 한다. 우리는 인생에 대한 책임감을 느끼면서 인생을 소중하게 가꾸어 가는 사람이 되어야 한다.

3. 인생의 좋은 열매를 맺기 위해 노력하라 (5:5-7).

우리 모두 하나님을 기쁘게 해드려야 하지 않겠는가? 하나님을 기쁘게 해드려야지, 한숨 쉬게 해드려서는 안 된다. 어떻게 하면 기쁘게 해드릴 수 있을까? 하나님이 원하시는 것이 무엇일까? "좋은 포도 맺기를 바랐더니 들포도를 맺었도다." 하나님은 좋은 포도 맺기를 원하신다. 좋은 포도란 무엇인가? "무릇 만군의 여호와의 포도원은 이스라엘 족속이요 그가 기뻐하시는 나무는 유다 사람이라 그들에게 정의를 바라셨더니 도리어 포학이요 그들에게 공의를 바라셨더니 도리어 부르짖음이었도다" (5:7).

우리가 하나님을 기쁘게 해드리는 길은 정직하게 사는 것이다. 하나님의 자녀로서 부끄러움 없이 바르게 살아가는 삶이 하나님을 기쁘게 해드리는 삶이다. 바울은 그것을 성령의 열매라고 말하고 있다.

인생을 아름답게 살기 위해서 우리는 하나님이 기뻐하시는 성령의 열매를 맺는 삶을 살아야 한다. 바울이 갈라디아서에서 말한 바와 같이 성령의 열매는 사랑, 희락, 화평, 인내, 자비, 양선, 충성, 온유, 절제이다 (갈라디아서 5:22-23). 성령의 열매는 성령께서 우리 안에 거하실 때 맺혀지는 열매이다. 이 열매를 맺는 것은 성령의 책임이 아니다. 그것은 내 책임이다. 모든 것을 하나님께 떠맡기려고 하지 말자. 하나님이 하셔야 할 일과 내가 해야 할 일은 다르다. 하나님께서는 우리에게 성령을 보내주신다. 그러나 그 성령의 도움을 받아 열매를 맺어가는 것은 내가 해야 할 일이다. 하나님이 나에게 인내를 주시고, 사랑을 주시고, 온유를 주시는 것이 아니다. 하나님이 필요하면 주시겠지 하고 기대하는 것은 지혜로운 믿음이 아니라, 오히려 어리석은 믿음이다. 하나님은 씨앗을 주셨다. 사랑의 씨앗을 주셨다. 성령을 주셨다. 그렇다면 그 씨앗을 심어서 열매를 맺게 하는 것이 내가 해야 할 일이다.

신앙생활을 하는데 노력 없이 할 수 있겠는가? 오해가 없기를 바란다. 새벽기도 가겠다는 사람이 밤에 늦게 잠자리에 들면서 다음과 같이 기도한다고 생각해 보자. "하나님, 오늘은 너무 피곤합니다. 하나님께서 제가 내일 새벽기도 가기를 원하시면 저를 깨워주세요." 이러한 태도는 새벽기도를 안 가려고 결심한 마음가짐이다. 당연히 우리가 새벽기도를 가는 것이 하나님의 뜻이다. 본인이 피곤하니까 합법적으로 새벽기도를 안 가려고 하는 것뿐이다. 피곤해서 아침에 일어나는 것이 걱정이 된다면, 시계를 두 개, 세 개 맞추어 놓고 자면 된다. 나는 지금도 시계를 두 개 맞춰놓고 잔다. 시계가 고장이 날 수도 있고, 내가 듣고도 못 일어날 수도 있기 때문이다. 내 쪽에 있는 시계가 울린 후에 5분 후에 내 아내 쪽 시계가 울린다. 새벽기도를 가려면 새벽에 일찍 일어나려고 힘을 다하여 노력해야 한다. 신앙생활은 우리의 노력이 필요하다. 이런 생활을 성화라고 말한다.

하나님은 우리가 사는 동안 아름다운 열매를 맺기 원하신다. 우리가 사랑하면서 살아가는 것을 원하신다. 우리가 온유하게 살아가는 것을 보기 원하신다. 우리가 정직하게 살아가는 것을 보기 원하신다. 하나님을 기쁘게 해드리자. 성령의 열매를 맺는 삶을 살아가자.

2. 생활 속의 이야기

내가 사는 마을에서 있었던 일이다. 한 가정에서 화재가 났다. 5살 된 여자아이가 심한 화상을 입었다. 부모는 이 아이의 화상을 치료하기 위해 노력했다. 그러나 도저히 가망이 없었다. 너무나 심하게 화상을 입었기 때문이다. 이 부모는 이 아이를 길에 내다버렸다. 부모로서의 책임을 버린 것이다.

그런데 이 아이를 데려다 키우겠다고 나선 가정이 있었다. 이 어머니는 5살 된 화상을 입은 아이를 위해 10년을 헌신하면서 희생하였다. 오클라호마에서 텍사스까지 왕복하면서 아이의 치료를 위해 최선을 다했다. 10년이 지났다. 화상을 입은 여자아이는 10대가 되었고, 화상도 거의 치료되었다. 신문기자가 이 어머니와 딸을 인터뷰했다.

딸은 자신의 어머니를 자랑하면서 이렇게 말했다. "천사는 모든 것을 가볍게 여깁니다. 그래서 날 수 있지요. 우리 엄마는 천사에요. 힘든 일을 쉽게 해내시지요."

한 어머니는 자신의 딸을 버렸다. 어머니로서의 책임을 포기한 것이다. 그러나 다른 한 어머니는 자신의 딸도 아니지만, 한 생명을 위해 헌신하고 희생했다. 자신이 낳은 딸은 아니었지만, 하나님이 주신 딸이라고 믿은 것이다. 자신에게 주어진 것에 책임을 다할 때, 우리의 포도원은 아름다운 포도원이 될 것이다.

3. 묵상을 위한 질문

(1) 지금 하나님 앞에서 감사해야 할 조건들을 열 가지를 찾아보자.
(2) 책임을 지지 않으려고 숨었던 적이 있는가? 또 나의 책임이 아님에도 불구하고 책임을 지겠다고 나선 적이 있는가?
(3) 하나님께서 지금 나의 삶 속에서 보고 싶어 하시는 열매가 있다면 무엇인가?

4. 결단에의 초청

하나님은 우리에게 인생이라는 아름다운 포도원을 주셨습니다. 우리는 우리의 포도원을 지켜야 합니다. 그러기 위해 우리는 우리의 포도원에 만족해야 합니다. 우리의 포도원을 책임을 다해 지켜야 합니다. 우리의 포도원이 아름다운 열매를 맺도록 노력해야 합니다. 이럴 때, 하나님이 기뻐하시는 귀한 포도원이 될 것입니다. 기도의 제목들을 기억합시다.

주여, 저의 삶에 만족하며 감사하게 하소서.
주여, 내 인생에 대한 책임감을 갖게 하소서.
주여, 내 삶이 아름다운 열매를 맺게 하소서.

제4과
승리의 조건
이사야 7:3-17

1. 성경 이해

사람은 누구나 승리하며 살기를 원한다. 누구나 행복하게 살기를 원하고, 누구나 사람들과 하나님께 인정받으며 살기를 원한다. 오늘 말씀에서 9절 마지막 부분이 그렇게 승리하며 살 수 있는 조건을 말해 준다. "만일 너희가 굳게 믿지 아니하면 너희는 굳게 서지 못하리라" (If you do not stand firm in faith, you shall not stand at all. 7:9 하반절). 이 구절은 이사야의 주제가 되는 구절이다. 우리가 이사야서를 공부하였다면, 다른 구절은 몰라도 이 구절만은 반드시 기억해야 한다. 이 구절은 승리의 조건이 되는 구절이다. 우리가 승리하는 삶을 원한다면 믿어야 한다. 하나님을 믿어야 한다.

오늘 말씀의 배경은 이렇다. 당시 유다 왕이었던 아하스는 고민에 빠져 있었다. 주변의 국가들이 군사조약을 맺고 유다를 공격한다는 소문이 퍼졌기 때문이다. 백성들은 전쟁의 공포에 빠져 있었다. 왕도 어떻게 해야 좋을지 방황하고 있었다. 애굽에 도움을 청하면, 오히려 주변 국가들에게 전쟁을 일으키는 빌미를 제공하는 격이 될 수도 있었다. 자체적으로 그들을 물리칠 능력이 있다면 모르지만,

유다는 경제적으로나 정치적으로 곤경에 처해 있었다. 지금 전쟁이 일어나면 도저히 나라를 지킬 수 없는 상황에 처해 있었다. 이렇게 고민하는 아하스에게 선지자 이사야가 찾아갔다. 그리고 하나님의 말씀을 전해 주었다. 이사야의 말씀의 주제는 이것이다. "하나님을 믿어라, 애굽을 믿지 말고 하나님을 믿어라."

아하스가 당한 곤경처럼, 우리도 살면서 그런 곤경에 처할 때가 종종 있다. 사방에서 나를 괴롭힌다. 여러 가지 문제가 터져서 나를 곤경에 빠뜨린다. 나는 혼자서 감당할 자신이 없다. 그래서 두렵다. 어떻게 해야 할지 알 수 없다. 이럴 때 우리는 이사야의 말씀을 들어야 한다. "너희가 믿지 아니하면, 정녕히 굳게 서지 못하리라." 이 말씀을 믿어야 한다. 하나님을 믿어야 한다. 정확하게 바르게 내 모든 것을 받쳐서 믿어야 한다. 반드시 당신이 당한 곤경을 뚫고 나오게 될 것이다. 하나님의 새로운 세계를 경험하게 될 것이다.

하나님을 믿어야 하는데, 구체적으로 어떻게 믿어야 하는가? 오늘 말씀을 통해서 살펴보려고 한다.

1. 내 문제를 이길 수 있다고 믿어야 한다 (7:3-6).

별것도 아닌 문제를 가지고 세상의 모든 고민을 짊어진 사람처럼 고민하는 사람들이 있다. 인생에 대한 두려움을 갖고 있는 사람이나 자신의 문제 때문에 고민하는 사람들은 먼저 그 문제에 진 것이다. 아하스가 그랬다. 그는 싸워 보기도 전에 졌다. 그는 두려워했다. 이웃 나라들이 공격해 들어오면 어떻게 하는가를 고민했다. 그 문제를 해결할 자신이 없었기 때문이다. 당신도 만일 지금 무엇인가 고민거리가 있다거나 두려운 것이 있다면, 아하스와 같은 처지라고 생각하면 된다. 아하스에게 준 교훈은 바로 당신을 위한 교훈이다.

그것은 문제를 과대평가하지 말라는 것이다. 아하스가 고민한 것은 그 문제를 크게 생각했기 때문이다. 그러나 이사야는 뭐라고 했는가? "연기나는 두 부지깽이 그루터기에 불과하니 두려워하지 말며 낙심하지 말라" (7:4 하반절). 하나님을 믿는다면, "내 문제는 연기나는 부지깽이에 불과하다"고 생각하자. 문제 때문에 두려운 이유는 내게 그 문제를 다룰 능력이 없다고 스스로 생각하기 때문이다. 그러나 그렇지 않다. 우리에게는 그런 고난의 문제를 다룰 충분한 능력이 있다. 우리 안에 성령께서 계시지 않는가? 우리 안에 하나님이 계신데 걱정할 것이 없다.

바울은 이렇게 말씀하셨다. "사람이 감당할 시험 밖에는 너희가 당한 것이 없나니 오직 하나님은 미쁘사 너희가 감당하지 못할 시험 당함을 허락하지 아니하시고 시험 당할 즈음에 또한 피할 길을 내사 너희로 능히 감당하게 하시느니라" (고린도전서 10:13). 우리가 만나는 모든 고난은 능히 우리가 이길 수 있다. 문제를 극복하기 위해서는 먼저 문제를 마음에서부터 이겨야 한다. 그래야 문제를 극복할 수 있다. 나는 내 문제를 이길 수 있다고 믿어야 한다. 이러한 믿음이 있어야 한다. 그리고 외치자. "내 인생의 문제들아, 물러가라!"

기도에는 선포의 기도가 있다. 일반적인 기도는 요청이다. 그러나 선포의 기도는 요청하는 것이 아니다. 세상을 향해서, 또 나를 향해서 외치는 것이다. 선포의 기도는 능력이 있다. 당신을 괴롭히는 악한 영을 향해서 선포하라. "그리스도의 이름으로 물러가라!" 그러면 물러가는 것이다. 이 선포의 기도는 믿음의 확신을 가진 자가 하는 기도이다. 당신의 문제를 향해서 선포하라. "내 질병아 물러가라!" "내 죄악아 사라져라!" "내 인생의 문제들아 물러가라!" 그대로 물러가게 될 줄 믿는다.

2. 내 인생은 하나님의 손에 있다는 것을 믿어야 한다 (7:7-9).

아하스는 유다의 운명이 아람 왕과 에브라임의 왕과 르말리야의 아들의 손에 있다고 생각했다. 그러니 두렵지 않겠는가? 그러나 이사야는 어떻게 일깨워주는가? 두려워하지 말라, 유다의 운명은 그들의 손에 있는 것이 아니다. 그들이 유다를 무너뜨리려고 할지라도 걱정하지 말라. 그들의 계획은 이루어지지 못할 것이다.

세상은 우리를 괴롭히려고 한다. 우리를 무너뜨리려고 한다. 어떤 사람들은 우리를 향해 비방하기도 한다. 그러나 담대하자. 그들의 계획이 이루어지지 않을 것이다. 하나님께서 우리를 도와주시기 때문이다.

우리의 인생은 누군가에 의해서 움직이는 것이 아니다. 우리의 인생은 오직 하나님의 손에 달려 있다. 사울 왕은 다윗을 죽이려고 몇 년을 쫓아 다녔다. 그 좁은 이스라엘 땅에서 어디로 피하겠는가? 그러나 사울 왕은 결코 다윗을 잡을 수가 없었다. 왜 그랬는가? 다윗의 인생은 하나님의 손에 달려 있었기 때문이다. 하나님의 손에 달려 있는 자는 그 누구도 빼앗을 수 없다. 세상은 요셉을 고난으로 몰고 갔다. 그러나 결코 요셉을 잡을 수 없었다. 요셉은 하나님의 손에 달려 있었기 때문이다.

하나님의 손에 우리의 인생을 놓아야 한다. 인생의 모든 것을 우리 스스로가 다 하려고 하지 말자. 하나님께 맡기자. 하나님께 드리자. 그리고 믿자. 내 인생은 하나님의 손에 달려 있다고 믿자. 사람들에게 신경 쓰지 말자. 환경에 눈을 돌리지 말자. 우리는 하나님을 바라보면서 우리가 가야 할 길을 가자. 우리가 해야 할 일을 하자. 이것을 믿자. 세상은 결코 우리를 무너뜨릴 수 없다.

3. 하나님은 약속을 지키시는 하나님이라는 믿음을 가져야 한다 (7:10-17).

이사야는 아하스에게 하나님으로부터 오는 징조를 구하라고 했다. 왜 징조를 구하라고 했을까? 제발 좀 믿으라는 말이다. 징조가 없어도 믿어야 한다. 하나님의 말씀이기에 믿어야 한다. 그런데 아하스는 믿지 못했다. "하나님만 믿으면 이 위기는 넘어간다." 이사야는 말했지만 아하스는 믿지 못했다. 그래서 징조를 구하라는 이사야의 말에 이렇게 대답했다. "나는 구하지 아니하겠나이다 나는 여호와를 시험하지 아니하겠나이다" (7:12). 아주 믿음이 좋은 것처럼 들린다. 그러나 그것은 겉모양일 뿐, 그의 속마음은 그렇지 않았다.

이사야가 화가 났다. "이사야가 이르되 다윗의 집이여 원하건대 들을지어다 너희가 사람을 괴롭히고서 그것을 작은 일로 여겨 또 나의 하나님을 괴롭히려 하느냐" (7:13). 아하스가 이렇게 말한 이유는 이사야의 그 말을 대수롭지 않게 여겼기 때문이다. 이사야는 하나님의 종이 었다. 그가 하는 말에 귀를 기울여 들었어야 한다. 그러나 아하스는 이사야의 그 권면을 대수롭지 않게 작은 일로 여겼다. 주의 종이 드리는 말을 대수롭지 않게 들어서는 안 된다. 심각하게 듣고 받아들여야 한다. 하나님은 오늘도 주의 종을 통해 말씀하시기 때문이다.

이사야는 아하스에게 화를 내면서, 그래도 하나님은 너에게 징조를 주실 것이라고 말하고 있다. 그리고 그 말하는 징조는 그 유명한 메시아의 탄생을 알리는 임마누엘의 예언이다. 그 예언의 내용은 이것이다. "…처녀가 잉태하여 아들을 낳을 것이요 그의 이름을 임마누엘이라 하리라 그가 악을 버리며 선을 택할 줄 알 때가 되면 엉긴 젖과 꿀을 먹을 것이라 대저 이 아이가 악을 버리며 선을 택할 줄 알기 전에 네가 미워하는 두 왕의 땅이 황폐하게 되리라" (7:14-16).

이 예언에는 하나님은 다윗과의 언약을 지키신다는 메시지가 담겨 있다. 하나님은 언약의 하나님이시고, 그 언약을 지키시는 하나님이시다. 하나님은 우리에게 성경을 통해서 수많은 약속을 하셨다. 그리고 하나님은 그 약속을 오늘도 철저하게 지키고 계시는 분이시다. 오늘도 우리에게 약속하셨다. "나를 믿어라, 그러면 승리하게 될 것이다." "너희가 믿지 아니하면 정녕히 굳게 서지 못하리라." 하나님을 믿자. 믿음을 달라고 기도하자. 하나님이 나와 함께 하신다는 징조를 보여 달라고 기도하자. 믿음의 확신을 갖게 될 때까지 기도하자. 그리고 믿음으로 당당하게 걸어가자. 인생의 문제들은 사라지게 될 것이다.

2. 생활 속의 이야기

처음 하나님을 믿을 때는 시험이 많이 온다. 그런 시험을 이기고 믿음에 선다는 것은 쉬운 일이 아니다. 가족들 중에 갑자기 환자가 생기기도 하고, 큰 문제가 생기기도 한다. 우리 집은 내가 대학교에 다닐 때, 처음 예수님을 영접했다. 나와 누님이 거의 비슷한 시기에 예수님을 영접했다. 그리고 당시 불교를 믿으셨던 어머니와 무신론자이셨던 아버지를 전도하기 시작했다. 차라리 모르는 사람에게 전도하는 것은 쉽다. 그러나 가족들에게 전도하는 것은 더욱 어려운 일이었다. 그런데 하나님께서 우리 가족에게 은혜를 내려주셔서, 6개월 만에 부모님께서 교회에 출석하시게 되었다. 얼마나 기뻤는지 모른다.

집 근처에 있는 한 교회에 등록을 하시고, 처음으로 속회라는 곳을 참석하셨다. 그런데 바로 그날 어머니가 속회에 가신 사이에 집에 도둑이 들어서 모든 귀중품을 다 가져가 버린 것이다. 나는 하나님에게 화를 냈다. "하나님, 어떻게 이러실 수 있습니까? 제가 얼마나 어렵게 전도를 해서 어머니가 신앙을 갖게 되셨는데, 이렇게 되면 어떻게 합니까?" 그러나 그렇게 화를 내는 나에게 어머니는 이렇게 말씀하셨다. "그렇게 생각하지 말라. 사람이 집에 없어서 다치지 않은 것이 얼마나 감사한 일이냐." 그리고 그 주일에 어머니는 교회에 처음으로 감사헌금을 하셨다. 나의 어머니는 시험을 믿음으로 이겨내신 것이다. 그 이후에 하나님께서는 나의 가정에 놀라운 영적인 축복을 부어 주셨다. 시험이 왔을 때, 가장 좋은 방법은 믿음으로 이겨내는 것이다.

3. 묵상을 위한 질문

(1) 지금 우리에게 걱정이 되는 문제가 있는가? 왜 걱정하는지 그 뿌리를 생각해 보라.
(2) 나의 문제와 하나님의 능력을 비교해 보자. 능력의 하나님께 나의 문제를 맡기기 위해서는 어떻게 해야 하는가?
(3) 하나님은 약속의 하나님이시다. 우리가 승리할 수 있도록 주신 약속의 말씀들이 무엇이 있는가? 생각나는 말씀을 기록해 보라.

4. 결단에의 초청

우리는 믿어야 삽니다. 믿음이 승리의 조건입니다. 믿음 없이 승리할 수 있는 길이 없습니다. 믿을 때, 우리는 다음 세 가지를 믿으시기 바랍니다. 첫째는, 내 문제를 이길 수 있다고 믿으십시오. 둘째는, 내 인생은 사람들에 의해 조정되는 것이 아니라, 하나님의 손에 달려 있다는 것을 믿으십시오. 셋째는, 하나님은 약속의 하나님이심을 믿으십시오. 이런 믿음을 가지고 다음의 세 가지 기도제목을 가지고 기도하시기를 바랍니다.

주여, 내 인생의 문제들을 물러가게 하소서.
주여, 제 인생을 하나님께 맡기게 하소서.
주여, 약속의 하나님을 믿고, 당당하게 살게 하소서.

제5과

떨어진 별

이사야 14:12-20

1. 성경 이해

오늘의 본문은 바벨론의 멸망을 예언하는 말씀이다. 이사야는 바벨론을 "아침의 아들 계명성"(14:12)이라고 부르고 있다. 계명성은 새벽에 빛나는 가장 밝은 별이다. 바벨론은 새벽별과 같이 찬란한 영광을 누리던 나라였다. 그랬던 나라가 무너졌다.

우리는 수많은 별들이 떨어지는 것을 보았다. 대통령은 한 나라의 새벽별인데, 그 새벽별도 떨어진다. 한국의 대우는 한국에서 2위를 달리던 거대한 기업이었다. 대우의 김우중 씨는 세계가 인정하는 기업인이었다. 모든 MBA 출신들의 별이었다. 그러나 그 별이 떨어졌다. 아무리 빛나는 별도 떨어질 수 있다는 것을 알아야 한다.

하나님의 모습 가운데 가장 강렬한 모습은 심판의 하나님이다. 노아의 홍수에서 우리는 심판의 하나님의 모습을 볼 수 있다. 이사야 시대에도 철저하게 하나님은 이스라엘을 심판하신다. 앗수르를 심판하시고, 바벨론을 심판하신다. 절대로 죄를 묵과하지 않으신다. 어느 누구도 죄를 가지고는 하나님 앞에 설 수 없다. 오늘 바벨론의 심판을 통해서 우리에게 주시는 교훈을 생각해 보려고 한다.

1. 하나님의 권위에 도전하지 말라 (14:12-15).

죄 중의 죄는 하나님의 권위에 도전하는 것이다. 사람이 거짓말도 할 수 있고, 도적질도 할 수 있다. 사람이 살면서 사람 사이에 죄를 지을 수 있다. 이러한 죄는 다 회개하면 용서받을 수 있다.

그런데 용서받지 못하는 죄가 있다. 그것은 영적 교만의 죄이다. 영적 교만의 죄라는 것은 하나님의 권위에 도전하는 죄이다. 육적인 죄는 사함을 받을 수 있지만, 영적인 죄는 조심해야 한다. 사함 받기가 어렵다. 어려운 이유는 죄를 지으면서도, 죄를 짓는다는 것을 모르고, 또 안다고 해도 용서받기를 거부하기 때문이다. 하나님을 하나님으로 인정하지 않기 때문이다. 그래서 영적인 죄는 사함을 받지 못한다. 바벨탑의 죄가 영적인 죄이다. 그들은 하나님의 권위에 도전했다. 그들은 바벨탑의 죄처럼, "우리가 우리의 이름을 내자"고 나왔다. 하나님의 권위에 대한 도전인 것이다. 하나님을 의지하지 않고 자기 혼자의 힘으로 해보겠다는 것이다.

바벨론의 죄는 하나님의 권위에 도전하는 것이었다. "네가 네 마음에 이르기를 내가 하늘에 올라 하나님의 뭇 별 위에 내 자리를 높이리라 내가 북극 집회의 산 위에 앉으리라 가장 높은 구름에 올라가 지극히 높은 이와 같아지리라 하는도다" (14:13-14). 죄 중의 죄는 하나님을 두려워하지 않는 것이다. 우리는 하나님을 두려워해야 한다. 하나님을 두려워하는 마음으로 섬겨야 한다. 우리는 우리의 영혼을 지옥에 던지실 수 있는 하나님을 두려워해야 한다.

죄의 시작은 언제나 하나님과의 관계에서부터 시작된다. 하나님과의 관계가 잘못된 사람이 죄를 짓는 것이다. 죄를 지어서 하나님과의 관계가 깨어지는 것이 아니다. 다윗은 밧세바와의 범죄 때문에 하나님과의 관계가 깨어진 것이 아니라, 하나님과의 관계가 깨어지니까 밧세바와 죄를 저지른 것이다.

죄는 하나님과의 관계가 깨어진 곳에서 시작되고, 또한 하나님의 용서는 하나님과의 관계의 회복에서부터 시작된다. 하나님과의 관계가 회복되는 것이 승리하는 신앙생활의 기초가 된다. 우리는 하나님께 절대 의존하고 있는지를 점검해야 한다. 하나님을 향한 두려움이 있는가를 점검해야 한다. 이 관계가 깨어질 때, 우리도 떨어진다는 것을 기억해야 한다.

2. 자랑은 승리자만의 특권이다 (14:16-17).

내 아들이 초등학교 1학년 때, 공부 잘 했다고 자동차에 붙이는 스티커를 받아왔다. 그것은 "우등생" (honor student) 이라는 말과 함께, "나는 내 아이가 자랑스러워요!" (I am proud of my kid!) 라고 쓰여 있는 스티커였다. 나는 그 스티커를 자랑스럽게 붙이고 다녔다. 그것을 붙이고 보니까, 길거리에서 이 스티커를 붙이고 다니는 차가 왜 그렇게 많은지, 웬만큼 공부하는 아이의 부모들은 다 붙이고 다니는 것이었다. 별 것도 아닌 것을 가지고 자랑하고 다녔구나 하는 생각이 들었다. 그러나 어쨌든, 자녀가 공부를 잘한다든지, 다른 무엇을 잘하면 부모로서 자랑스럽다. 자랑은 승리자만의 특권이다.

자랑에는 아름다운 자랑과 어리석은 자랑이 있다. 아름다운 자랑은 당연히 자랑할 만한 자랑이다. 아시안 게임 육상 종목에서 금메달을 딴 선수가 있었다. 이 선수는 시골에서 자라면서 꿈이 달리기 선수가 되는 것이었다. 그런데 집이 너무나 가난해서 제대로 먹지도 못했다. 이 선수는 라면을 먹으면서 연습을 했다. 그리고 놀랍게도, 고등학교 선수로서 아시안 게임에서 두 개의 금메달을 땄다. 이 선수의 자랑은 아름다운 자랑이다. 자신의 아픔과 고통과 헌신이 그 속에 담겨 있기 때문이다.

그런데, 어리석은 자랑이 있다. 자신의 노력이 담겨 있지 않는 자랑이다. 자신의 미모와 머리를 자랑하는 사람은 어리석은 사람이다. 얼굴이 예쁜 것이 자기가 잘해서 된 것이 아니고, 머리가 좋은 것도 자기가 노력해서 만들지 않았기 때문이다. 자랑을 잘못하면 교만이 된다. 우리는 아름다운 자랑을 할 수 있어야 한다.

우리가 자랑해야 할 것은 우리가 섬기는 주님을 자랑하고, 주님의 사랑을 자랑해야 한다. 주님의 축복을 자랑해야 한다. 주님은 우리가 주님을 자랑하기를 원하신다. 그런데 주님을 자랑하기 위해서는 먼저 어떻게 해야 하는가? 승리자가 되어야 한다. 자랑은 승리자의 특권이기 때문이다.

교회는 주님을 자랑한다. 그러기 위해 교회도 승리하는 교회가 되어야 한다. 교회는 부흥되어야 한다. 교회는 주님을 위해 열심히 땀 흘려야 한다. 교회가 주님을 위해 아무 것도 한 일이 없는 그런 교회라면, 주님은 우리의 자랑을 기뻐하실 수 없다. 우리가 인생의 실패자가 되어서 괴롭게 살고 있다면, 우리가 주님을 자랑할 수 있을까? 자랑할 수 없을 뿐만 아니라, 자랑한다고 해도 아무도 듣지 않을 것이다. 실패자가 자랑하는 주님은 오히려 주님의 영광을 가리는 것 밖에는 되지 않는다. 사람들은 실패자에게 "당신이나 예수님 잘 믿고, 좀 행복하게 사세요." 라고 말하게 될 것이다. 우리는 주님을 위해 승리해야 한다. 주님을 자랑하는 것은 승리자의 특권임을 잊지 말아야 한다.

바벨론은 승리자였다. 그들은 어디를 가나 승리했다. 주변의 모든 나라들이 바벨론의 말발굽에 짓밟혔다. 그것이 바벨론의 자랑이었다. 왜? 바벨론은 승리자였기 때문이다. 그러나 바벨론이 무너지고 나니까 주변에서 무엇이라고 말하는가? "너를 보는 이가 주목하여 너를 자세히 살펴 보며 말하기를 이 사람이 땅을 진동시키며 열국을 놀라게 하며 세계를 황무하게 하며 성읍을 파괴하며 그에게 사로잡힌 자들을 집으로 놓아 보내지 아니하던 자가 아니냐 하리로다" (14:16-17). 실패자가 되고 나니까 자랑거리가 조롱거리가 되고 만 것이다.

우리는 주님을 자랑해야 한다. 그러기 위해서 우리는 반드시 승리자가 되어야 한다. 승리를 지켜야 한다.

3. 심판은 끝나지 않는다 (14:18-20).

하나님을 믿지 않는 사람들과 이야기를 해보면, 이따금씩 이런 말을 듣는다. "죽으면 그만이지요. 죽으면 다 없어집니다." 사람들이 신앙을 갖지 않는 이유는 "죽으면 다 그만이라"는 생각을 갖고 있기 때문이다. 어떻게 이런 생각을 갖게 되었는지 모르겠다. 원래 한국의 불교는 윤회설을 믿고 있고, 유교도 조상숭배사상을 지니고 있다. 그런데 도대체 어디에서 죽으면 그만이라는 생각을 갖게 되었는지 모르겠다.

근대의 석학이라는 프랑스의 사르트르는 철저한 무신론자였다. 그는 하나님이 없다고 주장하던 사람이다. 사르트르는 하나님을 비웃던 사람이었다. 사람들이 말하는 종교와 구원은 나약한 인간들이 만들어낸 허상이라고 말했다. 지성인은 이 종교의 굴레를 깨고 나와서 진정한 자유를 만끽해야 한다고 말했다.

그런데 막상 사르트르 자신은 진정한 자유 속에서 세상을 떠나지 못했다. 그는 죽기 전 30일 동안 병원에 입원해 있었다. 그 30일 동안 그는 심한 두려움에 빠져있었다. 세계를 흔들던 지성인이 자신을 살려달라고 미친 사람처럼 울부짖었다. 그는 죽으면 모든 것이 끝인 줄 알았는데 자신이 막상 죽음 앞에 서 보니까 그것이 아니었다. 그는 매일 악몽에 시달렸고, 죽음의 순간에 이르러서야 비로소 죽음이 끝이 아니라는 것을 깨달은 것이다.

죽으면 끝이 아니다. 죽어도 하나님의 심판은 계속된다. 죽음 후에는 두 번째 사망이 믿지 않는 자들을 기다리고 있다. 영원한 심판이 기다리고 있다. 나아가서 자신이 이 땅에서 뿌려 놓은 모든 죄의 씨앗은 계속 자라게 되고, 그 심판은 계속된다. "오직 너는 자기 무덤에서 내쫓겼으니 가증한 나무 가지 같고 칼에 찔려 돌구덩이에 빠진 주검들에 둘려싸였으니 밟힌 시체와 같도다 네가 네 땅을 망하게 하였고 네 백성을 죽였으므로 그들과 함께 안장되지 못하나니 악을 행하는 자들의 후손은 영원히 이름이 불려지지 아니하리로다 할지니라" (14:19-20). 죄인의 후손까지 그 아픔은 계속된다.

2. 생활 속의 이야기

나는 목사로서 장례식을 자주 치르게 된다. 장례식은 결혼식보다 진한 감동을 줄 수 있고, 귀한 은혜를 경험할 수 있다. 하지만, 장례식 설교를 준비할 때 무척 힘든 경우가 있다. 그것은 하나님을 잘 믿지 않고 돌아가신 분의 장례식을 치러야 할 때이다. 가족들이 교회에 나오는 분들이면 당연히 목사가 가족들의 장례를 치러 주어야 하지만, 때로는 무슨 말을 해야 할지 당황하게 될 때가 있다. 돌아가신 분이 예수님을 잘 믿지 않던 분이면 할 말이 없기 때문이다. 예수님 믿지 않고 돌아가시면 하나님의 심판을 받을 텐데, 어떻게 슬픔을 당한 가족들에게 그런 말을 하겠는가? 그래서 어렵다. 그러나 예수님을 잘 믿던 분은 장례식을 하기가 쉽고 은혜가 넘친다.

내가 치른 장례 중에 은혜로운 장례가 몇 번 있었다. 한 번은 평생을 자신만 믿고 살던 분이 하나님을 믿고 돌아가시게 된 경우이었다. 이분은 교회에는 발도 디디지 않고 자신의 능력만을 믿고 살던 분인데, 이분이 병원에 입원하시게 되었다. 나는 이분이 입원해 있던 병원에 심방을 하면서, 이분이 조금씩 믿음 속으로 들어가는 모습을 볼 수 있었다. 심한 악령에 시달리다가 주의 종이 가서 기도하고 나면 평안한 모습으로 잠이 들곤 했다. 그리고 마지막 돌아가시기 며칠 전에는 "내가 이제야 알겠습니다. 이제는 죽어도 괜찮습니다." 라는 고백을 하셨다. 이분의 장례식은 은혜로웠다. 하나님께서 이분의 영혼을 받으신 것을 누구나 확신했기 때문이다. 믿음 없이 죽으면 장례식을 치르기가 힘들다.

3. 묵상을 위한 질문

(1) 사람들에게는 자기 마음대로 하고 싶은 충동이 있다. 이 충동을 억제하기 위해 필요한 훈련이 무엇인가?

(2) 우리는 인생을 통해 하나님께 영광을 돌려야 한다. 하나님께 영광을 돌리기 위해 지금 할 수 있는 일은 무엇인가?

(3) 자손들에게 복을 넘겨 줄 수도 있고, 심판을 넘겨 줄 수도 있다. 우리의 자손들에게 하나님의 복을 넘겨주기 위해 지금 우리가 할 수 있는 일은 무엇인가?

4. 결단에의 초청

아침의 아들 새벽별처럼, 찬란한 영광을 누렸던 바벨론이 떨어졌습니다. 하나님은 철저한 심판의 하나님이십니다. 바벨론의 심판을 생각하면서, 우리가 가져야 할 마음 자세는, 하나님의 권위에 도전하지 않는 마음입니다. 승리를 지키는 마음입니다. 그리고 심판이 아닌 축복을 남기려는 마음입니다. 이런 마음으로 하나님을 섬기시는 여러분이 되시기를 예수님의 이름으로 축원합니다.

주여, 하나님과 더욱 강한 관계를 갖게 하소서.
주여, 승리자가 되어 주님을 자랑하게 하소서.
주여, 축복을 남기는 자가 되게 하소서

제6과
무너지는 것을 잡아라
이사야 16:1-14

1. 성경 이해

하나님은 사랑이시다. 하나님은 때때로 심판하시지만, 꼭 심판하시는 것은 아니다. 심판을 하려고 하셨다가도, 우리가 회개하고 돌아오면 언제든지 심판을 포기하시는 분이 우리의 하나님이시다. 하나님이 우리를 심판하시는 이유가 돌아오게 하기 위함인데, 우리가 심판 당하지 않고도 돌아올 수 있다면 심판이 필요 없는 것이다. 하나님은 우리가 그렇게 하기 위해서 심판 전에 계속 그 심판을 벗어날 방법을 말씀해 주신다.

오늘의 본문은 모압에 대한 심판의 말씀이다. 모압이 3년 안에 멸망하게 될 것이라고 말씀하고 계시다. 그러나 그 모압에게 심판을 벗어날 방법을 먼저 말씀해 주신다. 그러나 그 방법을 따르지 않을 때에는 예정된 심판이 임하게 될 것이라는 것이 오늘 말씀의 내용이다.

모압처럼, 우리의 인생도 무너질 때가 있다. 그러나 무너진다고 포기하지 말자. 그때에도 하나님께서는 무너지는 것을 잡을 수 있는 방법을 우리에게 주신다. 그래서 다시 세워 주신다. 오늘의 말씀을 통해서 무너지는 것을 잡는 방법이 무엇인가를 생각해 보려고 한다.

1. 믿음의 친구를 사귀어라 (16:1-5).

사람은 누구를 만나느냐에 따라서 인생이 바뀌게 된다. 바울이 인생의 승리자가 된 것은 실라와 누가 같은 믿음의 동역자들을 만났기 때문이다. 바울에게는 많은 적들이 있었지만, 반면에 바울을 위해서 헌신적으로 돕는 좋은 동역자들도 많이 있었다. 그래서 그의 인생은 행복했던 것이다. 사울 왕과 다윗을 비교해 보면, 사울 왕은 좋은 동역자가 없었다. 그는 외로웠다. 사울이 잘못할 때, 말해 줄 사람이 없었다. 사울 왕이 왜 실패했는가? 그 이유 중의 하나는 좋은 동역자가 없었기 때문이다. 반면에 다윗은 좋은 동역자가 많았다. 다윗을 자신의 생명처럼 사랑했던 요나단이 있었다. 또 다윗을 위해서라면 목숨을 내놓을 수 있는 용사들이 많았다. 그러니 승리자가 되는 것은 당연한 일이다.

훌륭한 사람 주위에는 그와 닮은 훌륭한 사람들이 있고, 문제가 있는 사람 주위에는 언제나 그와 비슷한 문제 있는 사람들이 있는 법이다. 따라서 우리가 어떤 사람을 만나고, 어떤 사람하고 손을 잡느냐가 내 인생의 행복을 결정하는 중요한 요소가 된다.

오늘 본문에서 이사야는 모압에게 유다와 손을 잡으라고 말씀하신다. 이 혼돈된 국제 정세 속에서 살아남기 위해서는 하나님이 돕고 있는 유다와 손을 잡아야 살아남을 수 있다고 말씀하신다. "너희는 이 땅 통치자에게 어린 양들을 드리되 셀라에서부터 광야를 지나 딸 시온 산으로 보낼지니라" (16:1). 그 이유는 5절이다. "다윗의 장막에 인자함으로 왕위가 굳게 설 것이요 그 위에 앉을 자는 충

실함으로 판결하며 정의를 구하며 공의를 신속히 행하리라." 하나님께서 유다를 지켜 주실 것이라는 예언의 말씀이다. 모압은 유다와 손을 잡아야 했다. 그러나 모압은 유다와 손을 잡지 않았다. 그리하여 모압은 물밀듯이 밀어닥치는 외세에 의해 나라는 무너지고 말았다.

사람은 만나고 사귀는 데에 신중해야 한다. 만나서 은혜가 되고, 하나님께 영광이 되는 사람과 친구를 삼아야 한다. 그래야 하나님의 은혜가 그 친구로부터 흘러들어오게 된다. 사람은 은혜를 나눌 때 믿음이 자란다. 함께 은혜를 나눌 사람이 없다는 것은 분명 신앙이 잘못되어 있는 것이다. 그리스도인에게는 반드시 은혜를 나눌 친구가 있어야 한다.

우리는 믿음의 친구를 만나게 해달라고 기도해야 한다. 인생이 변하게 될 것이다. 하나님을 사랑하는 사람을 만나게 해달라고 기도하자. 하나님은 그를 사랑하는 사람을 통해 우리에게 말씀하시고, 그를 통해 우리를 깨닫게 하시고, 우리에게 은혜를 주실 것이다.

2. 자신을 정확하게 보는 눈을 가져라 (16:6-9).

소크라테스는 "너 자신을 알라"고 했고, 손자병법에는 "나를 알고 적을 알면, 백전백승이다"라고 했다. 이는 곧 나를 아는 것이 중요하다는 말이다. 그런데 많은 사람들이 착각하는 것이 있다. 그것은 자기 자신을 가장 잘 안다고 생각하고 있다는 것이다. 그러니까 실수하는 것이다. 산다는 것이 왜 이렇게 힘들까 생각해 보지만 답이 나오지 않는다. 사실은 자기도 자신을 잘 모르기 때문이다.

조 해리스(Jo Harris)의 윈도(Window)에 의하면, 사람에게는 자기도 모르고 남도 모르는 부분이 있다는 것이다. 그래서 인생의 불행은 바로 이 부분에서부터 시작이 된다. 우리 감리교회에 금슬이 좋은 목사님 부부가 있다. 두 분 다 성격이 좋고 모든 것이 다 좋다. 그런데 여행만 하면 둘이 싸우셨다. 특히 해질 무렵이 되면 사모님의 신경이 날카로워지셨다. 사모님 자신도 왜 그런지 이유를 몰랐다. 그날도 어두워지자 사모님이 괜히 불안해하고, 안절부절 못하는 것이었다. 목사님이 물으셨다. "당신 도대체 왜 여행만 하면, 그렇게 화를 내고 불안해하는 거요?" 사모님 자신도 왜 자기가 그러는지 이유를 몰랐다. 그런데 그 말을 듣고 보니까 자신이 정말 여행만 하면 화를 내는 것이었다. 그분은 자기 자신을 곰곰이 돌이켜 보았다. 그리고는 혹시 이것이 아닐까하는 이유를 찾아내셨다.

그 사모님이 6.25 때 피난을 가면서, 자신과 동생 둘만이 친척 집을 찾아갔다고 한다. 둘이서 기차를 타고 가서 밤늦게 역에서 내렸는데, 자기들을 기다려야 할 친척이 보이지를 않는 것이었다. 동생과 둘이서 역에서 두려움에 떨면서 그날 밤을 보냈다. 아무도 모르는 곳에서 밤을 맞이한 것이 이 어린아이에게는 큰 충격이었고 두려움이었다. 그래서 지금도 낯선 곳에서 어둡기 시작하면 알 수 없는 불안감이 별안간 엄습해 왔던 것이었다. 사모님이 여행만 하면 화를 냈던 것은 바로 그 이유 때문이었다. 사모님은 자신에게 감추어진 상처를 찾아낸 것이다. 그 다음부터는 스스로 그 불안감을 이겨낼 수 있게 되었다고 한다. 이 사모님은 수십 년 동안 감추어져 있던 자신의 모습을 보게 된 것이다.

사람은 자기 자신을 잘 모른다. 화를 잘 내는 사람도 알고 보면 다 그 이유가 있다. 소가 빨간색을 보면 흥분하는 것처럼, 사람도 갑자기 우울증에 걸릴 때에는 다 이유가 있다. 사람은 자신을 잘 모른다. 자신을 제대로 알 수만 있다면 우리는 지금보다 더 행복한 삶을 살게 될 것이다.

모압이 심판을 당한 이유도 자신을 몰랐기 때문이다. 북이스라엘이 멸망을 당하자 자기는 아주 대단해서 멸망을 당하지 않은 줄로 착각하고 있었다. 자신도 지금 무너지고 있는데, 그것을 몰랐다. "십마의 포도나무가 말랐음이라 전에는 그 가지가 야셀에 미쳐 광야에 이르고 그 싹이 자라서 바다를 건넜더니 이제 열국의 주권자들이 그 좋은 가지를 꺾었도다" (16:8). 그 좋던 포도나무가 마르고 있는데, 그것을 모르고 있다. 열국이 모압을 집어삼키려고 하고 있는데, 그것을 모르고 있었다. "우리가 모압의 교만을 들었나니 심히 교만하도다 그가 거만하며 교만하며 분노함도 들었거니와 그의 자랑이 헛되도다" (16:6). 자신의 위치를 모르면서도 모압은 교만하고 거만하게 나왔다. 자신을 괴롭히던 북이스라엘이 무너졌으니 이제 우리는 조공을 바칠 필요도 없고, 괴로움을 당할 필요도 없다. 모압은 자신을 몰랐을 뿐만 아니라 적도 몰랐다. 이러니 모압이 망하지 않을 수 없는 것이다.

사람은 자신을 제대로 알아야 한다. 하나님에게 자신을 볼 수 있는 눈을 달라고 기도해야 한다. 우리는 우리 안에 있는 수많은 죄를 모르고 지내고 있다. 이 죄들이 우리를 조금씩, 조금씩 파괴하고 있는 것을 모르고 있는 것이다. 우리는 우리 스스로가 대단한 사람들이라고 생각하는 것에 대해 조심해야 한다. 우리 안에는 수많은 죄와 죄의 상처들이 있다. 우리에게는 주님을 향한 사랑보다는 세상을 향한 욕심이 더 많다. 우리 안에는 감추어진 죄들이 있다. 우리가 잘 되는 것이 내가 잘해서가 아니다. 하나님께서 우리를 불쌍하게 여기시어 우리에게 은혜를 주시기 때문이다. 하나님이 우리를 부르시는 것도, 우리의 힘이 필요해서가 아니다. 우리가 불쌍해서 우리를 도와주기 위해서 우리를 불러주시는 것이다. 우리 자신에 대해 착각해서는 안 된다. 우리에게는 구원을 받을 자격이 없다. 우리는 자기 자신을 정확하게 보고 착각하지 말아야 한다.

3. 잘못된 헌신을 조심하라 (16:10-14).

요즈음 이단에 대한 논쟁이 심각하다. 많은 이단들이 기독교인들을 유혹하고 있다. 이단을 조심해야 한다. 하나님은 이단도 사랑하신다고 생각하는 엉뚱한 사람들이 있는데, 하나님은 이단은 사랑하지 않으신다. 성경에서 원수를 사랑하라고 하셨지만, 이단에 속한 사람은 몇 마디 권면한 후에 그가 듣지 않으면 교회에서 잘라 버리라고 하셨다. 잘못된 헌신은 건전한 영혼을 파괴하고 공동체를 무너뜨리고 삶을 무너뜨리기 때문이다.

우리가 하나님을 믿을 때에는 바르게 믿어야 한다. 잘못된 지식을 가지고 하나님을 믿을 때 고생은 고생대로 하게 되고, 다 헛수고로 끝나버린다. 한 10년 전에 한국 사회를 떠들썩하게 했던 종말을 기다리는 선교회가 있었다. 신령하다고 떠들고, 천국에 갔다 왔다고 떠들던 사람들이 지금 다 어디에 있는가? 주님이 오신다고 가정을 버리고, 직장도 버리고 모여들었던 사람들은 지금 다 어디에 있는가? 하나님이라는 말이 나오고, 신령한 것이 있다고 해서 그것이 다 바른 것은 아니다. 잘못 믿으면 안 믿는 것만 못하다.

골프에서 힘 있는 사람이 좋다. 그런데 힘이 좋아서 공을 멀리 쳐도 똑바로 나가게 멀리 쳐야지, 엉뚱한 방향으로 멀리 공을 보내면 무슨 소용이 있겠는가? 힘이 없어도 정확하게 공을 쳐 보내는 사람을 이길 수 없다. 여기에서 얻는 귀한 교훈이 있다. 힘보다 중요한 것은 방향이다.

하나님을 뜨겁게 믿으면 무슨 소용이 있는가? 정확하게 하나님의 뜻에 순종하면서 바르게 믿어야지, 그렇지 않으면 수고는 수고대로 해놓고 심판받게 되는 것이다. 모압은 하나님을 정확하게 믿지 못했다. 그들도 나름대로 신앙을 가지고 있었는데, 그 신앙이 그들을 구원해 줄 능력이 없는 잘못된 신앙이었다. "모압이 그 산당에서 피곤하도록 봉사하며 자기 성소에 나아가서 기도할지라도 소용없으리로다" (16:12). 피곤하도록 봉사를 했으면 남는 것이 있어야 한다. 성소에서 열심히 기도했으면 능력이 나타나야 한다. 그런데 아무리 헌신해도 아무런 변화가 없었고 그 모든 것이 소용도 효과도 없었다. 왜 그랬는가? 처음부터 잘못 믿었기 때문이다.

교회생활을 해도 처음부터 잘 배워서 제대로 해야 한다. 처음에 엉뚱하게 배워놓으면 나중에 그것 고치기가 정말 어렵다. 처음에 잘못 배운 사람은 교회에 적응을 못한다. 자기에게 맞는 교회를 찾아다니지만 그런 교회는 없다. 세상에 잘못된 교회는 그렇게 많지 않기 때문이다. 하나님을 믿어도 바르게 믿어야 한다. 그래야 우리의 수고가 주 안에서 헛되지 않는다.

2. 생활 속의 이야기

교회를 위하여 열심히 봉사하던 한 분이 계셨다. 성가대와 여선교회를 비롯하여 모든 교회 봉사활동에서 빠지지 않았다. 기도도 열심이었다. 정말 보기에 좋은 분이었다. 이분이 직장을 구할 때, 정말 열심히 기도해 주었다. 하나님께서 복을 주셔서 좋은 직장을 구했다. 생각지도 못했던 직장이었다. 얼마나 기뻤는지 모른다. 그리고 정식사원이 되기 위해 훈련을 받게 되었다.

그렇게 열심히 기도하던 분이 갑자기 새벽기도에 빠지기 시작했다. 전화를 했다. 이분의 대답은 하루에 8시간씩 교육을 받는데, 새벽기도를 하고 가면 너무 피곤해서 당분간은 새벽기도를 쉬어야겠다는 것이었다. 이 말씀을 들었을 때, "이게 아닌데" 하는 생각이 들었다. 2주가 지났다. 이분은 마지막 시험에서 떨어졌다. 떨어질 수 없는 시험이었는데 떨어졌다. 그래서 그 좋은 직장이 날아가 버리고 말았다.

나는 이분의 모습을 보면서 깊이 깨달은 것이 있다. 그것은 기도로 받은 축복은 기도로만 지킨다는 것이다. 우리는 축복을 받을 때 오히려 교만해질 때가 있다. 교만을 물리치고, 언제나 변함없이 하나님께 겸손할 수 있을 때 하나님의 축복은 계속된다.

3. 묵상을 위한 질문

(1) 나에게는 믿음의 친구가 있는가? 만일 믿음의 친구가 없다면, 그런 친구를 얻기 위해 어떻게 하면 될까?
(2) 우리가 자신을 바로 볼 수 있는 기회와 시간이 있다면 언제인가?
(3) 우리의 신앙생활을 점검할 수 있는 좋은 방법 세 가지만 생각해 보자.

4. 결단에의 초청

하나님께서는 무너지는 모압을 세울 수 있는 방법을 알려 주셨습니다. 그러나 모압은 하나님의 방법을 따르지 않고 자기의 생각만 고집하다가 결국 무너지고 말았습니다. 우리의 삶이 무너지려 할 때가 있습니다. 그러나 걱정할 필요는 없습니다. 하나님의 방법대로만 하면, 다시 일어날 수 있기 때문입니다. 무너지려는 것을 세우는 하나님의 방법은, 믿음의 사람을 만나는 것입니다. 그와 교제하는 것입니다. 자신을 보는 정확한 눈을 갖는 것입니다. 그리고 하나님을 바르게 믿는 것입니다. 그러면, 하나님은 우리를 언제든지 다시 세워주십니다.

주여, 믿음의 친구를 만나게 하소서.
주여, 나 자신을 볼 수 있는 눈을 주소서.
주여, 바르고 정확한 믿음을 갖게 하소서.

제7과
우연과 기도응답
이사야 37:1-38

1. 성경 이해

우리는 지금까지 이사야서를 읽어오면서, 하나님이 역사하시는 데는 모든 사람이 다 나설 필요가 없다는 것을 보아왔다. 하나님 앞에 바로 선 한 명으로도 하나님께서는 얼마든지 움직이실 수 있다. 존 낙스 한 명의 기도로 하나님은 스코틀랜드를 구원하셨다. 광야에서 이스라엘이 범죄했을 때에도 하나님은 모세 한 사람의 기도 때문에 그들을 용서하셨다. 한 사람의 역량을 우습게 생각하지 말아야 한다. 한 명의 변화도 놀라운 일을 할 수 있다. 한 명이 제대로 변하면 기적이 일어난다. 오늘 우리는 이스라엘의 또 한 번의 위대한 승리의 기사를 보았다. 이것은 분명 하나님의 은혜이다. 그리고 그 은혜를 간구했던 한 명, 히스기야가 있었음을 기억해야 한다. 지도자 한 명이 하나님 앞에 바로 서자, 민족이 살아났다.

우리가 하나님 앞에 바로 서면 내 가족이 복을 받는다. 우리의 일터가 복을 받고, 교회가 복을 받고, 사회가 복을 받는다. 우리가 하나님 앞에 바로 서기 위해서 알아야 할 교훈을 함께 살펴보려고 한다.

1. 문제를 가지고 성전으로 가라 (37:1-4).

사람들 앞에서 큰소리를 치려면 믿는 것이 있어야 한다. 히스기야는 백성들 앞에서 큰소리 친 왕이다. 그에게는 그야말로 믿는 데가 있었기 때문이다. 그는 언제나 문제만 생기면 하나님 앞으로 나아갔다. "자기의 옷을 찢고 굵은 베 옷을 입고 여호와의 전으로 갔고" (37:1), "여호와의 전에 올라가서 그 글을 여호와 앞에 펴 놓고" (37:14) 기도했다. "여호와께 기도하여 이르되" (37:15).

히스기야는 "너희가 믿지 아니하면 정녕히 굳게 서지 못하리라"는 이사야의 말씀을 믿었다. 그는 믿음으로 살려고 노력했다. 믿음으로 사는 것이 무엇인가? 문제만 생기면 그것을 가지고 하나님의 전으로 가는 것이다.

기도는 하나님의 전에서 하는 것이다. 하나님은 우리가 어디에서 기도하건 들으신다. 그러나 모든 기도를 하나님께서 똑같이 다루시는 것은 아니다. 하나님의 전에서 기도하면 하나님이 더 기뻐하시고, 하나님이 더 강하게 역사해 주신다. 예수님은 하나님의 전을 기도의 집이라고 하셨다. 또한 그의 제자들에게 교회의 축복을 말씀하시면서, 기도의 축복이 있는 집이라고 하셨다. "너희가 땅에서 매면 하늘에서 매일 것이요, 땅에서 풀면 하늘에서 풀리리라." 교회는 하늘과 땅을 연결하는 축복이 있는 곳이다. 집에서 기도하는 것과, 교회에서 기도하는 것은 다른 것이다.

히스기야는 문제를 들고 하나님의 전으로 갔다. 그곳에서 회개하고 하나님의 도움을 간구했다. 우리도 이런 삶을 살아야 한다. 문제를 들고 하나님의 전으로 가야 한다. 이곳에서 회개하면서 하나님의 은혜를 간구해야 한다.

2. 응답은 하나님의 종을 통해서 나타났다 (37:21-29).

하나님의 은혜에는 특수은혜와 보통은혜가 있다. 성경의 많은 사람들은 특수은혜를 체험한 사람들이다. 특수은혜는 특별한 사람에게만 나타나는 은혜이다. 이사야는 성전에서 소명을 체험했다. 나도 그런 체험을 하고 싶다고 아무리 기도해도 그런 체험은 할 수 없다. 그것은 이사야에게만 특별히 하나님께서 주신 소명체험이기 때문이다.

한국의 한 교회에 여자 권사님이 바울이 다메섹에서 받은 소명 같은 강렬한 소명을 받기를 원했다. 그래서 어느 날 새벽기도에 한 시간이 넘도록 부르짖으면서 기도를 하셨다. 한 시간 만에 성전을 나오면서, 목사님에게, "목사님, 드디어 오늘 하나님께서 저에게 바울과 같은 은혜를 주셨어요. 제가 기도하는 중에 갑자기 환해졌어요. 너무 기뻤어요." 목사님 말씀이 말씀하셨다. "권사님, 하도 안 나오셔서 기도 끝내라고 제가 불을 킨 것입니다."

특별한 은혜만을 사모하지 말자. 하나님은 특별한 은혜를 특별한 사람에게만 주신다. 그런 사람들의 삶은 너무 힘들기 때문이다. 이사야가 받은 은혜를 사모할 수 있겠는가? 그는 톱에 잘려서 순교를 당했다. 바울이 받은 은혜를 사모할 수 있겠는가? 바울도 참수형을 당했다. 이런 고난을 당하고 싶은 사람은 없을 것이다. 하나님을 위해 특별한 일을 할 사람에게 특별은혜를 주시는 것이다.

우리는 보통은혜를 사모해야 한다. 보통은혜란 하나님께서 일반적으로 그의 백성들에게 주시는 은혜이다. 보통은혜는 하나님의 종을 통해 나타나게 된다. 하나님은 그의 종의 설교를 통해서 말씀하신다.

성도들의 기도의 응답은 설교를 통해 온다. 목사가 단에 서서 하나님의 말씀을 대언하는 것은 형식적으로 하는 것이 아니다. 하나님께서 성도들에게 주실 메시지가 있으시기 때문에 단에 세우신 것이다. 설교는 하나님의 은혜이다. 설교는 하나님의 뜻을 전달하는 가장 완벽한 방법이다. 하나님은 그의 종의 입을 통해 그의 백성들의 기도에 응답해 오셨다.

히스기야도 그런 은혜를 받았다. 그가 열심히 기도했을 때, 하나님께서는 하나님의 종 이사야를 통해 그에게 응답하셨다. 37장 21절에는 히스기야 왕이 기도했다는 내용이 나타난다. "아모스의 아들 이사야가 사람을 보내어 히스기야에게 이르되 이스라엘의 하나님 여호와께서 말씀하시되 네가 앗수르의 산헤립 왕의 일로 내게 기도하였도다." 37장 28절과 29절은 21절에서 히스기야가 기도한 내용이 응답으로 나타난 결론 부분이다. "네 거처와 네 출입과 네가 나를 거슬러 분노함을 내가 아노라 네가 나를 거슬러 분노함과 네 오만함이 내 귀에 들렸으므로 내가 갈고리로 네 코를 꿰며 재갈을 네 입에 물려 너를 오던 길로 돌아가게 하리라." 히스기야는 자리를 털고 일어났다. 히스기야는 이제 하나님이 어떻게 움직이시는가를 보기만 하면 되는 것이다.

하나님은 우리에게 꼭 필요한 은혜를 지금까지의 설교 말씀을 통해서 이미 주셨다. 아직도 그 은혜를 못 받았다고 생각하는 사람이 있다면 회개해야 한다. 하나님의 은혜를 받을 준비가 안 되어 있는 것이다. 우리가 받은 말씀을 믿음으로 간직하자. 그러면 삶 속에서 놀라운 일이 일어날 것이다.

3. 우연은 없다 (37:33-38).

우연을 믿고, 자신의 운명을 믿는 사람들이 있다. 그러나 그리스도인들은 그런 것을 절대로 믿어서는 안 된다. 우리는 우연이나 운명을 믿지 않고 하나님의 섭리를 믿는 사람들이다. 사람이 살고 죽는 것이 하나님의 섭리지 그것이 어떻게 운명이겠는가? 그것이 운명이라면, 하나님은 존재하지 않는 것이다. 세상에 우연은 없다. 우연히 잘 되는 일도 없고, 우연히 안 되는 일도 없다. 우리가 교회에 가는 것도 우연이 아니다. 하나님의 뜻이다. 하나님의 섭리가 있어서 교회에 가는 것이다. 세상에 우연은 없다. 우리가 우연히 태어났는가? 우연이 아니다.

하나님을 믿지 않는 사람들은 우연을 믿는다. 우연을 믿는 사람들은 정말 불쌍한 사람들이다. 자기 자신에 대해 아무런 자신감과 확신을 갖지 못하게 되기 때문이다. 우연을 믿으니까 가정도 파괴되고 사회도 무너지는 것이다. 두 사람이 만나서 사랑을 하는 것도 우연이 아니다. 운명도 아니다. 하나님의 뜻이다. 남편과 아내가 서로 만난 것을 우연이라고 생각하니까 싫어지면 이혼을 하는 것이다. 그 만남이 우연이 아니라 하나님의 섭리라고 생각하면, 어떻게 성격이 안 맞는다고 이혼을 하겠는가? 자기가 낳은 자녀도 우연히 낳았다고 생각하니까 자녀까지 버릴 수 있는 것이다. 하나님이 나에게 맡기신 아이라는 생각을 갖는다면, 어떻게 버릴 수 있겠는가? 이 우연이라는 생각을 버려야 한다. 교통사고가 나고, 속도위반으로 티켓을 받은 것도 재수 없어서 생긴 일이라고 생각하지 말자. 세상에 우연이라는 것은 없다. 모든 것은 하나님의 뜻이다. 일이 잘 될 때에는 거기에 하나님의 뜻이 있다. 안 될 때에도 무슨 뜻이 있다. 우리는 우연을 믿지 않는다. 우리는 하나님을 믿는다.

믿지 않는 사람들이 보았다면 너무나 우연히 운이 좋은 일이 일어났다고 했을 것이다. 36-38절에 나타난 내용을 보면 이스라엘을 포위하고 있던 앗수르의 군대, 18만 5천명이 어느 날 아침에 시체로 변했다. 여호와의 사자가 이스라엘 백성을 도우신 것이다. 더군다나 하나님을 모욕하던 앗수르 왕은 자기 자식들에게 암살을 당하고 죽었다. 놀라운 하나님의 역사이다.

믿음을 안 가지려고 죽기 살기로 노력하는 사람들이 있다. 그런 사람들은 이렇게 말할 것이다. "무슨 전염병이 돌았을 거야." "사막지대라 음식을 잘못 먹어 식중독에 걸려서 죽었을 거야. 그리고 자식을 얼마나 잘못 키웠으면, 자식이 반역을 해."

그러나 히스기야의 마음은 어떠했겠는가? 그는 너무 감격해서 눈물을 흘렸을 것이다. "하나님이 내 기도를 들어주셨구나" 하는 감사가 그의 마음에 넘쳤을 것이다. 그는 기도했기에 다른 사람들의 눈에는 우연일지 몰라도, 그에게는 기도응답이었다. 우연은 믿지 않는 사람의 생각이고, 믿는 사람들의 생각은 그것은 기도응답이다.

전염병이나 식중독, 아마 맞는 이야기일 것이다. 그렇게 생각할 수 있을 것이다. 그러나 분명한 것은 그들은 죽었다는 것이고, 우리는 하나님께서는 전염병이나 식중독을 통해서 앗수르의 군대를 물리치셨다는 것을 믿는다는 것이다. 우리에게 우연이라는 것은 없다.

2. 생활 속의 이야기

나는 성대가 무척 약하다. 그래서 조금만 오래 기도하거나 설교를 하면 금방 목이 쉬어 버린다. 그래서 매년 40일 새벽기도를 할 때면 목 때문에 고통을 많이 당했다.

몇 년 전에는 아예 목소리가 나오지 않아서 고생을 했던 적도 있었다. 그런데 금년에는 40일 새벽기도를 하는데 목 때문에 힘들지 않았다. 시작할 때에는 조금 힘들었던 것 같은데, 갈수록 좋아졌다. 왜일까? 생각해 보았다. 내가 40일 작정기도 중간부터 과일 주스를 마시기 시작했다. 그것이 내 성대가 좋아지는 원인이었다는 결론을 내렸다. 이렇게 생각하다가, 내 스스로 "이렇게 어리석다니!" 하면서 내 머리를 쥐어박았다.

매일 아침마다 교인들이 대표기도를 통해서 나의 건강을 위해 기도해 주었고, 또 특히 목을 위해 기도해 주신 분들이 많았다는 것을 깨달았다. 물론 과일 주스가 좋은 영향을 미쳤다는 것은 사실이다. 하지만, 꼭 그렇지만은 않다. 내가 목이 좋아진 것은 기도의 응답이다. 많은 분들이 기도해 주셨고, 하나님이 응답하신 것이다. 과일 주스가 목에 효과가 있다고 해도, 하나님께서 기도를 들으시고 과일 주스를 마시게 하신 것이다. 하나님은 기도의 응답으로 과일 주스를 주신 것이다.

우리의 삶 속에는 우연은 없다. 기도하는 자들에게는 모든 것이 기도의 응답이다. 하나님은 우리의 기도에 응답하신다. 놀라운 방법으로도 응답하시지만 더 많은 경우에 가장 평범한 방법으로도 응답하신다.

3. 묵상을 위한 질문

(1) 교회에서 기도하는 시간을 늘리기 위해서 이번 주에 결심할 수 있는 것은 무엇이 있을까?
(2) 하나님의 응답은 말씀을 통해 오는데 말씀에서 받은 응답을 소중히 간직할 수 있는 방법은 무엇인가?
(3) 기도의 시간을 늘릴 수 있는 방법을 생각해 보자.

4. 결단에의 초청

매우 위급한 자리(풍전등화)에 놓여 있던 히스기야는 이사야의 말을 따랐습니다. "너희가 믿지 아니하면, 정녕히 굳게 서지 못하리라." 그 말씀을 믿고 나아갈 때 말씀대로 하나님께서는 히스기야를 세워주셨습니다. 여러분도 믿음으로 나아가십시오. 하나님이 세워주실 것입니다. 이 믿음을 가지고 오늘 말씀이 주는 교훈을 마음에 새겨 놓으시기를 바랍니다. 문제만 생기면 들고 성전으로 오십시오. 하나님의 역사는 그의 종을 통해 임한다는 것을 잊지 마십시오. 그리고 우리의 삶 속에서 우연이란 없습니다. 모든 것이 은혜요 기도의 응답입니다.

주여, 저의 문제를 들고 교회를 찾게 하소서.
주여, 말씀을 통해서 응답 받게 하소서.
주여, 날마다 기도의 응답을 보게 하소서.

www.ingramcontent.com/pod-product-compliance
Lightning Source LLC
Chambersburg PA
CBHW010919040426
42444CB00016B/3453